JN269086

ファイナンス数学基礎講座 1

ファイナンス数学の基礎

小林道正 = 著

朝倉書店

はじめに

　ファイナンス（あるいは金融）に関係する人の出身学部は，文科系の場合と理科系の場合がある．在学中あるいは卒業後も含めて両方の分野を深く学ぶことはなかなか難しい．

　本シリーズは，このような現状を踏まえて，主として文科系出身者のために，ファイナンスで実際に使われる最低限の基礎的な数学をわかりやすく説明しようとしている．理科系の出身者にしても，必要なすべての分野を学んできている場合はむしろ少ないであろうし，ファイナンスの基本的な説明も含んでいるので役に立つであろう．

　ファイナンスのための数学基礎講座といっても，どこで使われるかわからない数学を学習するのは興味も湧かないであろうし，わかりにくい．本シリーズはファイナンスの題材を中心に据えて，必要な数学を学んでいくという構成にしている．最後に数学の部分だけをまとめて復習できるようにしている．

　第1巻は金利と数列・級数を中心としている．複利計算はファイナンスに関連した計算の基礎であるので，とりわけ丁寧に解説した．今までの本には載っていなかった公式なども導いてあるので活用されたい．日経平均株価とTOPIXも大事なのでこの巻で扱っている．視覚的に表すと理解しやすいので図をたくさん載せてあるのも本書の特徴である．

　文科系の出身者にとっても数学は本来それほど難しいものではない．ただ，基本的な概念を理解することを第一の目標とし，細かな論理の展開に惑わされないことが大事である．また，一気にすべてをわかろうとしない方がよく，ほかのところを学習すると前のところがわかってくることも多いことを忘れない方がよい．

計算や図を描くにはコンピュータが役に立つが,本シリーズでは特定のコンピュータソフトを前提にはしていない.本書に出てくる計算や図は表計算ソフトや,数学ソフト,統計ソフトなどで計算したり図を描いたりして得られる(本書自身は *Mathematica* を使っている).

　なお,本シリーズでの数値は特に断らない限り,有効数字は 6 桁で表しており,等号で結んでいる.本書の計算を自分で確かめるときは注意してほしい.

　また本書の追加情報などについては次のホームページを参照されたい.

```
http://www.econ.tamacc.chuo-u.ac.jp
        /public_html/mathkoba/index.htm
```

2000 年 8 月

小林道正
mathkoba@tamacc.chuo-u.ac.jp

目　次

1. **金利と将来価値**　　　　　　　　　　　　　　　　　　　　　　1
   - 1.1 単利法と等差数列 1
     - 1.1.1 単利法による将来価値 1
     - 1.1.2 等差数列による表現 3
     - 1.1.3 単利法による将来価値の変化のグラフ 4
   - 1.2 複利法と等比数列 8
     - 1.2.1 複利法による将来価値 8
     - 1.2.2 現在価値と利率と将来価値から期間を求める . 10
     - 1.2.3 現在価値, 将来価値, 期間を与えて利率を求める ... 11
     - 1.2.4 financial calculator (金融電卓) による計算 12
     - 1.2.5 等比数列による表現 14
     - 1.2.6 複利法による将来価値の変化のグラフ 15
     - 1.2.7 単利法と複利法の差 21
   - 1.3 割引率と現在価値 23
     - 1.3.1 単利法による現在価値 23
     - 1.3.2 複利法による現在価値 26
     - 1.3.3 financial calculator による現在価値の求め方 30

2. **複数のキャッシュフローの将来価値・現在価値**　　　　　　33
   - 2.1 アニュイティの将来価値 (単利法) 33
     - 2.1.1 将来価値 (単利法) の和 33
     - 2.1.2 将来価値 (単利法) の和と等差数列の和 35
   - 2.2 アニュイティの将来価値 (複利法) 37

		2.2.1	将来価値 (複利法) の和	37
		2.2.2	financial calculator による計算	39
		2.2.3	将来価値 (複利法) の和と等比数列の和	40
	2.3	アニュイティの現在価値	45
		2.3.1	通常アニュイティ(複利法) による現在価値	46
		2.3.2	即時アニュイティ(複利法) による現在価値	50
		2.3.3	永久アニュイティ	51
3.	複利計算の応用			**55**
	3.1	ローンの償却	55
		3.1.1	元利均等返済の住宅ローン	55
		3.1.2	返済の内訳	58
		3.1.3	支払い利息と元金の合計額の推移	64
		3.1.4	返済内訳の financial calculator による計算	67
	3.2	複利期間の細分化	68
		3.2.1	年利率と月利率	68
		3.2.2	実効年利率	69
	3.3	連続複利と指数関数	70
		3.3.1	連続複利と自然対数の底 e	70
		3.3.2	連続複利	72
		3.3.3	指数関数 e^{rx}	74
	3.4	インフレ率と金利	75
		3.4.1	インフレ率	75
		3.4.2	名目金利と実質金利	75
		3.4.3	実質金利と将来価値	76
		3.4.4	実質金利と現在価値	78
		3.4.5	アニュイティの実質将来価値	78
		3.4.6	連続複利による実効金利	81
4.	収益率の数学			**84**
	4.1	収益率	84

		4.1.1 収益と収益率	84

       4.1.1 収益と収益率 84
       4.1.2 配当も入れた収益率 85
  4.2 収益率と期間 87
       4.2.1 単利法による月収益率と年収益率 87
       4.2.2 複利法による月収益率と年収益率 87
       4.2.3 連続再投資による収益率 89
  4.3 割引債の収益率の計算 90
       4.3.1 割引債の収益率 90
       4.3.2 1年満期以外の債券の利回り 90
       4.3.3 割引債の現在価値 92
  4.4 利付債の収益率の計算 93
       4.4.1 表面利率と利回り 93
       4.4.2 市場価格と利回り 95
       4.4.3 満期利回りの計算 96
       4.4.4 クーポンの支払いが年2回の場合の利回り ... 97
  4.5 債券価格の時間的変化と金利による影響 98
       4.5.1 期間一定の市場価格と利回りの関係 98
       4.5.2 期間の違いによる利回りと市場価格の曲線の変化 .. 100
  4.6 内部収益率 104
       4.6.1 内部収益率の考え 104
       4.6.2 投資期間が1年の内部収益率の計算 104
       4.6.3 投資期間が n 年の内部収益率の計算 105
       4.6.4 複数のキャッシュインフローが見こまれる内部収益率の計算 106

5. 株価指標の数学　　　　110
  5.1 日経平均株価 110
       5.1.1 日経平均株価の概要 110
       5.1.2 日経平均株価の計算方法 111
       5.1.3 除数の計算方法 119
       5.1.4 日経平均株価の特徴 122

- 5.1.5 225 銘柄のうち 30 銘柄を入れ替え 123
- 5.1.6 30 銘柄の入れ替えによる日経平均株価の下落 125
- 5.1.7 新たに 6 銘柄の入れ替え 129
- 5.2 TOPIX(東証株価指数) 130
  - 5.2.1 TOPIX の計算方法 130
  - 5.2.2 基準時価総額の修正 131
  - 5.2.3 TOPIX の特徴 132

6. 数学のまとめ　　134

- 6.1 量と数と式 134
  - 6.1.1 連続量と分離量 134
  - 6.1.2 外延量と内包量 135
  - 6.1.3 量と演算 136
  - 6.1.4 文字と式 136
- 6.2 関数と方程式 138
  - 6.2.1 関数の概念 138
  - 6.2.2 関数のグラフ 139
  - 6.2.3 方程式 140
- 6.3 数列と級数 142
  - 6.3.1 等差数列 142
  - 6.3.2 等差級数 143
  - 6.3.3 等比数列 143
  - 6.3.4 等比級数 144
  - 6.3.5 漸化式 145
- 6.4 指数関数と対数関数 146
  - 6.4.1 自然対数の底 e 146
  - 6.4.2 指数法則 147
  - 6.4.3 指数関数 147
  - 6.4.4 対数関数 148

演習問題略解　　　　　　　　　　**151**

参　考　文　献　　　　　　　　　**157**

索　　　引　　　　　　　　　　**159**

1. 金利と将来価値

　現在の貨幣の価値はそのまま放置すれば増加も減少もない．しかしその貨幣を一定の利率で預金すると，1年後, 2年後, 5年後には増加している．このような将来のある時期の貨幣の価値を **将来価値** (FV, future value) という．これに対して現在の貨幣価値を **現在価値** (PV, present value) という．
　ここでは現在価値から将来価値がどのように計算されるかを扱う．

1.1 単利法と等差数列

1.1.1 単利法による将来価値

　金利の計算には2通りあり，**単利法** と **複利法** である．ここでは単利法について調べてみる．「実際に単利法など使う場合はないではないか」と思う人もいるかもしれないが，複利の概念を理解するのに，「単利だったらどうなるか」と考えると理解しやすい場合もあるので，順序として単利法をまずは理解しておきたい．

例 1.1. 10000円を年利率3%の利率で5年間，単利法で預金したときの将来価値を求めよう．

　年利率3%という意味は，古典的な用語でいえば元金, すなわち現在価値 a_0 に対して, 1年間でその3%の利息がつくという意味である．したがって, 利息の金額は次の計算で求められる．

$$a_0 \times 0.03 = 10000 \times 0.03 = 300 \,(円) \tag{1.1}$$

この場合，1年後の将来価値は，元金すなわち現在価値 a_0 にプラスすることの利息の金額であるから，次のようになる．

$$a_0 + 0.03a_0 = (1+0.03)a_0 = 1.03 \times 10000 = 10300 \tag{1.2}$$

年利率を r とすると，1年後の将来価値は次のようにまとめられる．

単利法による1年後の将来価値

$$価値の増加量 = 現在価値 \times 年利率 \tag{1.3}$$
$$将来価値 = 現在価値 \times (1 + 年利率) \tag{1.4}$$
$$FV_1 = PV(1+r) \tag{1.5}$$

今度は2年後の将来価値を求めよう．単利法は2年目の終わりにつく利息すなわち価値の増加量が，1年目と同じ額であるという計算方式である．

10000円を年利率3%で預金した場合，2年間につく利息は次のようになる．

$$\begin{aligned}2年間の価値の増加量 &= 1年目につく利息 + 2年目につく利息\\ &= 10000 \times 0.03 + 10000 \times 0.03\\ &= 300 + 300 = 600\end{aligned} \tag{1.6}$$

2年後の将来価値は次のように求められる．

$$2年後の将来価値 = 現在価値 + 2年間の価値の増加量 \tag{1.7}$$
$$= 現在価値 + 現在価値 \times 年利率 \times 期間 \tag{1.8}$$
$$= 現在価値 \times (1 + 年利率 \times 期間) \tag{1.9}$$
$$= 10000 \times (1 + 0.03 \times 2) = 10600 \tag{1.10}$$

5年間に増加する価値はこれを繰り返し，次のように求められる．

$$5年間の価値の増加量 = 1年間の価値の増加量 \times 5 = 300 \times 5 = 1500$$
$$5年後の将来価値 = 現在価値 \times (1 + 0.03 \times 5) = 10000 \times 1.15 \tag{1.11}$$

1.1 単利法と等差数列

一般に,期間 n 年間の増加価値と,n 年後の将来価値は次のようにまとめられる.

単利法による n 年後の将来価値

n 年間の価値の増加量 = 現在価値 × 年利率 × 期間 　　(1.12)

n 年後の将来価値 = 現在価値 × (1 + 年利率 × 期間) 　　(1.13)

$$FV_n = PV(1+nr) \tag{1.14}$$

1.1.2 等差数列による表現

現在価値を a_0 とおき,年利率を r とする.n 年後の将来価値を a_n とすると次の値が定まっていく.

$$a_0, a_1, a_2, \cdots, a_n, \cdots \tag{1.15}$$

このように一定の規則で数が並んでいる場合に,**数列** という.a_0 をこの数列の **初項** という.単利法による将来価値の数列の特徴を調べてみよう.

a_n と a_{n-1} の差は,1 年間の価値の増加量すなわち利息で,$a_0 \times r$ という一定の値をとっている.

$$a_n - a_{n-1} = a_0 r \quad (\text{n によらず一定}) \tag{1.16}$$

このように隣り合う項の差が一定の数列を **等差数列** という.一定の差のことを **公差** という.初項を a_0,公差を d とすると,数列は次のようになる.

$$a_0,\ a_0 + d,\ a_0 + 2d,\ a_0 + 3d,\ \cdots, a_0 + nd, \cdots \tag{1.17}$$

数列を $a_0, a_1, a_2, \cdots,$ としている場合,一般項 a_n は次のように表せる.単利法による将来価値の数列を対応させておく.

$$a_n = a_0 + nd \tag{1.18}$$

n 年後の将来価値 = 現在価値 + 期間 × 1 年間の価値の増加量　　(1.19)

1.1.3 単利法による将来価値の変化のグラフ

現在価値が 10000 円で, 年利率 3% の単利法による, 1 年間, 2 年間, 3 年間, $\cdots$, 10 年間の増加価値の変化は次のようになる.

$$300,\ 300 \times 2,\ 300 \times 3,\ \cdots,\ 300 \times 10 \tag{1.20}$$

この変化をグラフに表すと次のようになる.

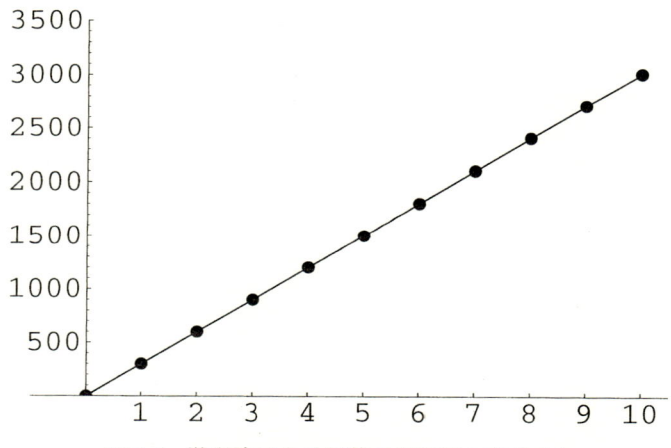

図 1.1: 単利法による価値の増加量の変化 (1)

増加価値は年の終わりに計算されるが, 途中も線で結んでいる. 価値の増加量はグラフでは直線上にのっていることがわかる.

数列としては $a_n = 10000 + 300\,n$ で表せるが, 途中を結んだ直線の式は次のようになる.

$$y = 300x \tag{1.21}$$

300 は直線の傾きで, 1 年間当たりの価値の増加量である.

現在価値, 将来価値が量的に把握しやすいように, 柱状グラフの長さで表すグラフを描いておこう.

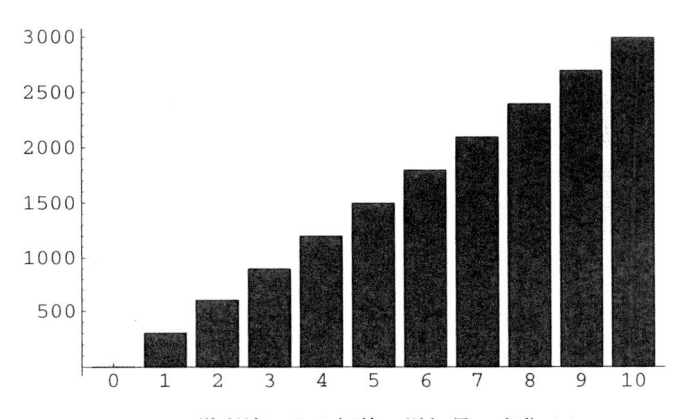

図 **1.2**: 単利法による価値の増加量の変化 (2)

今度は，将来価値が時間の経過にしたがってどのように変化するかのグラフを描いてみよう．

$$10000,\ 10000+300,\ 10000+300\times 2,\ 10000+300\times 3,$$
$$\cdots, 10000+300\times 10 \tag{1.22}$$

の変化を図示すればよい．

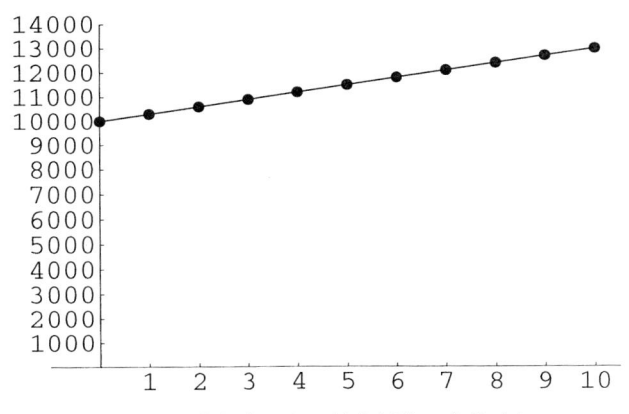

図 **1.3**: 単利法による将来価値の変化 (1)

図 1.1 のグラフと比較すると，y の各値に，$x=0$ のときの値 10000 が加えられていて，グラフは上の方に 10000 だけ並行移動したものになっている．途中をつないだ直線の式で見れば，$y=300x$ に対してはじめの現在価値 10000 が加わって次の式になる．

$$y = 300x + 10000 \tag{1.23}$$

この直線の傾きは前と同じで，1 年当たりの価値の増加量を表す．図 1.1 と図 1.3 の傾きが異なるように見えるのは，縦軸の目盛りの幅が異なるからである．

将来価値の変化も柱状グラフで表してみる．

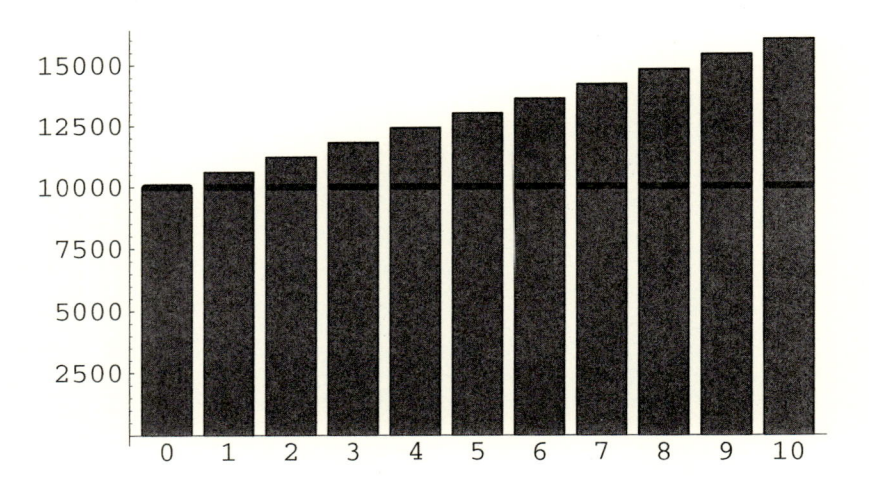

図 1.4: 単利法による将来価値の変化 (2)

横線の上の部分が価値の増加分である．

今度は，年利率が 1%, 2%, 3%, 4%, 5%, 6% となるそれぞれの場合に将来価値の変化がどのように異なるかを，同じ平面の上に図示してみよう．下から上へ 1%, 2%, 3%, 4%, 5%, 6% の図である．

1.1 単利法と等差数列

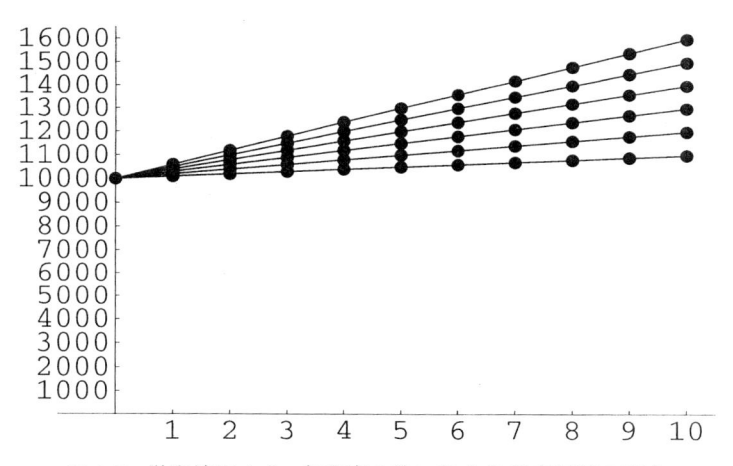

図 1.5: 単利法による, 年利率の違いによる将来価値の変化

10 年後の将来価値の, 利率による違いを, 横軸に利率をとり縦軸に 10 年後の将来価値をとる柱状グラフで表してみる.

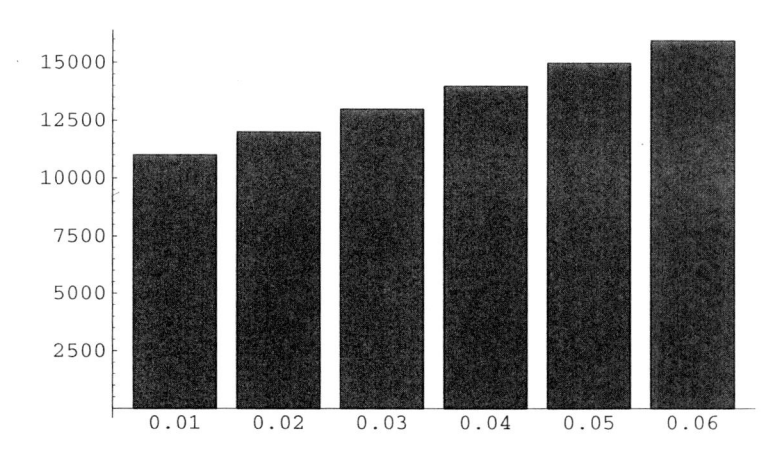

図 1.6: 10 年後の将来価値の利率による違い

1.2 複利法と等比数列

1.2.1 複利法による将来価値

現在価値が $a_0 = 10000$ 円で年利率 3% とする．年 1 回の複利法による将来価値を求める．1 年後の将来価値 a_1 は単利法と同じである．

$$a_1 = a_0 + a_0 \times 0.03 = a_0 \times (1 + 0.03) = 10000 \times 1.03 = 10300 \quad (1.24)$$

2 年目の価値の増加額は複利の場合，10300 円をもとにしてその 3% が 2 年目の増加額となる．

$$10300 \times 0.03 = 309 \quad (1.25)$$

2 年後の将来価値は次のように計算できる．

$$10000 + 10000 \times 0.03 + 10300 \times 0.03 \quad (1.26)$$

しかし，この表し方では規則性がよくわからない．そこで，ある年の将来価値を A 円としたとき，次の年の将来価値を求める式を次のように作っておくとよい．

$$A + A \times 0.03 = A \times (1 + 0.03) \quad (1.27)$$

すなわち，前の年の価値に $1 + 0.03 = 1.03$ を掛ければ次の年の将来価値になる．この規則性を活用すると，2 年後，3 年後，4 年後，5 年後の将来価値は次のように求められる．四捨五入した値も等号で結んでいる．

$$a_0 = 10000 \quad (1.28)$$

$$a_1 = 10000 \times 1.03 = 10300 \quad (1.29)$$

$$a_2 = (10000 \times 1.03) \times 1.03 = 10000 \times 1.03^2 = 10609 \quad (1.30)$$

$$a_3 = (10000 \times 1.03^2) \times 1.03 = 10000 \times 1.03^3 = 10927.3 \quad (1.31)$$

$$a_4 = (10000 \times 1.03^3) \times 1.03 = 10000 \times 1.03^4 = 11255.1 \quad (1.32)$$

$$a_5 = (10000 \times 1.03^4) \times 1.03 = 10000 \times 1.03^5 = 11592.7 \quad (1.33)$$

1.2 複利法と等比数列

複利計算の場合, 現在価値を PV, 年利率を r, 期間を n とすると, n 年後の将来価値 FV_n は次のようにまとめられる.

複利法による n 年後の将来価値

$$n \text{ 年後の将来価値} = \text{現在価値} \times (1 + \text{年利率})^{\text{期間}} \tag{1.34}$$

$$FV_n = PV(1+r)^n \tag{1.35}$$

---

4 年後からの 1 年間に増加する価値を求めてみる.

$$
\begin{aligned}
10000 \times 1.03^5 - 10000 \times 1.03^4 &= 10000 \times 1.03^4 \times (1.03 - 1) \\
&= 10000 \times 1.03^4 \times 0.03
\end{aligned}
\tag{1.36}
$$

これは当然の結果で, 4 年後の将来価値 10000×1.03^4 に年利率 0.03 を掛けて得られる. 一般に, n 年後からの 1 年間の増加する価値は, n 年後の増加価値に年利率を掛けて得られ, 次のようになる.

$$FV_{n+1} - FV_n = FV_n \times r \tag{1.37}$$

また, 4 年間の価値の増加量を求めてみよう.

$$FV_4 - PV = 10000 \times (1 + 0.03)^4 - 10000 \tag{1.38}$$

$$= 10000 \times \{(1 + 0.03)^4 - 1\} = 1255.09 \tag{1.39}$$

一般には, n 年間の価値の増加量は次のように表せる.

$$FV_n - PV = PV\{(1+r)^n - 1\} \tag{1.40}$$

例 1.2. 1000000 円を年利率 5% の複利で預金したとき, 10 年間で増加する価値は次のようになる.

$$1000000 \times \{(1 + 0.05)^{10} - 1\} = 628895 \tag{1.41}$$

1.2.2 現在価値と利率と将来価値から期間を求める

1000000 円を年利率 4% で投資したとき, 2000000 円になるのは何年後であろうか.

一般には, PV, r, FV_n を与えて n を求めることである. n を PV, r, FV_n で表す式を求めればよい.

$$FV_n = PV\,(1+r)^n \tag{1.42}$$

$$(1+r)^n = \frac{FV_n}{PV} \tag{1.43}$$

$$n = \log_{(1+r)}\left(\frac{FV_n}{PV}\right) = \log_{(1+r)} FV_n - \log_{(1+r)} PV \tag{1.44}$$

ここで, log は次のように定義される指数関数の逆関数で, 対数関数と呼ばれる. 詳しくは 3 章で説明する.

$$x = a^y \longleftrightarrow y = \log_a x \tag{1.45}$$

自然対数の底 e を用いて次のようにも表せる.

$$n = \frac{\log_e FV_n - \log_e PV}{\log_e(1+r)} \tag{1.46}$$

この結果をまとめておこう.

現在価値, 将来価値, 利率から期間を求める

$$n = \frac{\log_e FV_n - \log_e PV}{\log_e(1+r)} \tag{1.47}$$

$$期間 = \frac{\log_e 将来価値 - \log_e 現在価値}{\log_e(1+利率)} \tag{1.48}$$

$PV = 1000000, FV_n = 2000000, r = 0.04$ の場合に n を求めてみる. 対数の値を求めるには関数電卓や表計算ソフト, 数学ソフトなどを使う.

$$n = \frac{\log_e FV_n - \log_e PV}{\log_e(1+r)} \tag{1.49}$$

$$= \frac{\log_e 2000000 - \log_e 1000000}{\log_e(1+0.04)} \tag{1.50}$$

$$= \frac{14.50865774 - 13.81551056}{0.03922071315} = 17.67298769 \tag{1.51}$$

1.2.3 現在価値, 将来価値, 期間を与えて利率を求める

1000000 円が 15 年で 2000000 円になるには利率がどのくらいのところに投資すればよいのかを求める.

一般には, r を PV, FV_n, n で表す式を求めればよい.

$$FV_n = PV(1+r)^n, \qquad (1+r)^n = \frac{FV_n}{PV} \tag{1.52}$$

$$1+r = \left(\frac{FV_n}{PV}\right)^{\frac{1}{n}}, \qquad r = \left(\frac{FV_n}{PV}\right)^{\frac{1}{n}} - 1 \tag{1.53}$$

まとめると次のようになる.

現在価値, 将来価値, 期間から利率を求める

$$r = \left(\frac{FV_n}{PV}\right)^{\frac{1}{n}} - 1 \tag{1.54}$$

$$利率 = \left(\frac{将来価値}{現在価値}\right)^{\frac{1}{期間}} - 1 \tag{1.55}$$

$PV = 1000000$, $FV_n = 2000000$, $n = 15$ として r を求める.

$$r = \left(\frac{2000000}{1000000}\right)^{\frac{1}{15}} - 1 = 0.04729412282 \tag{1.56}$$

1.2.4　financial calculator (金融電卓) による計算

アメリカの金融界やビジネススクール (専門大学院) では financial calculator (金融電卓) がよく使われている．ビジネススクールではこのような電卓を必ず持ってくるようにという指示のあるコースも多い．

比較的よく使われる機種は「HP 17B II」，「HP 12C」，「HP 10B」，「TI BAII Plus」，「Sharp EL-733A」，「Casio FC-100」などである．これらの使い方を説明した「UNDERSTANDING YOUR FINANCIAL CALCULATOR (James F.Dalton)」という本も出版されている．

基本的な扱い方はどの電卓も同じであるが，ここでは Casio FC-100 を例にとって説明する．出金はマイナスで表される．

a. PV, n, r から FV を求める

例 1.3. 1000000 円を年利率 5% の複利で投資したとき，10 年後の将来価値は次のように求める．

1.2 複利法と等比数列

1000000 [+-] [PV]
10 [n]
5 [i%]
[COMP] [FV]

と入力すると次のような出力が得られる.

1628894.627

求める将来価値は 1628894 円であることを示している.

b. PV, FV, r から n を求める

例 1.4. 1000000 円を年利率 4% の複利で投資したとき, 将来価値が 2000000 円になる期間は次のように求める.

1000000 [+-] [PV]
2000000 [FV]
4 [i%]
[COMP] [n]

と入力すると次のような出力が得られる.

17.67298769

18 年後の末には目的の 2000000 円を超えていることがわかる.

c. PV, FV, n から r を求める

例 1.5. 1000000 円を年利率何% の複利で投資したとき, 15 年後の将来価値が 2000000 円になるかは次のように求める.

1000000 [+-] [PV]
2000000 [FV]
15 [n]
[COMP] [i%]

と入力すると次のような出力が得られる.

4.729412282

求める利率は 4.73% であることを示している.

1.2.5 等比数列による表現

$n+1$ 年後の将来価値は n 年後の将来価値に $1+r$ を掛けて得られた. これを数列の観点から考えてみる.

初項を a_0 とする数列において, 複利の将来価値のように, a_{k+1} が常に前の項 a_k に一定の数を掛けて得られる場合に **等比数列** という. 掛ける一定の数を **公比** という.

$$a_{n+1} = a_n \times 公比 \tag{1.57}$$

年利率が r の複利の将来価値を扱うとき, n 年後の将来価値を FV_n と表すと次のようになる.

$$FV_{n+1} = FV_n \times (1+r) \tag{1.58}$$

初項を a_0, 公比を R とする数列は次のように定まる. 数学では公比は普通は r で表すが, ここでは年利率の r と混同するといけないので R で表している.

$$a_0 = a_0 \tag{1.59}$$
$$a_1 = a_0 \times R \tag{1.60}$$
$$a_2 = a_1 \times R = (a_0 \times R) \times R = a_0 \times R^2 \tag{1.61}$$
$$a_3 = a_2 \times R = (a_0 \times R^2) \times R = a_0 \times R^3 \tag{1.62}$$
$$\cdots\cdots$$
$$a_n = a_{n-1} \times R = (a_0 \times R^{n-1}) \times R = a_0 \times R^n \tag{1.63}$$

等比数列は, a_{n+1} を a_n で割った比の値が一定としても同じである.

$$\frac{a_{n+1}}{a_n} = R \quad (n によらず一定) \tag{1.64}$$

$a_{n+1} = R a_n$ のように, 項の間の関係式を **漸化式** という. 等差数列の漸化式は $a_{n+1} = a_n + d$ となる.

1.2.6 複利法による将来価値の変化のグラフ

現在価値が $PV = 10000$ 円で,年利率 6% の複利計算による, n 年間の価値の増加額は次のようになる.

$$FV_1 - PV = 10000 \times (1.06 - 1) = 600 \tag{1.65}$$

$$FV_2 - PV = 10000 \times (1.06^2 - 1) = 1236 \tag{1.66}$$

$$FV_3 - PV = 10000 \times (1.06^3 - 1) = 1910.16 \tag{1.67}$$

$$FV_4 - PV = 10000 \times (1.06^4 - 1) = 2624.77 \tag{1.68}$$

$$FV_5 - PV = 10000 \times (1.06^5 - 1) = 3382.26 \tag{1.69}$$

$$FV_6 - PV = 10000 \times (1.06^6 - 1) = 4185.19 \tag{1.70}$$

$$FV_7 - PV = 10000 \times (1.06^7 - 1) = 5036.30 \tag{1.71}$$

$$FV_8 - PV = 10000 \times (1.06^8 - 1) = 5938.48 \tag{1.72}$$

$$FV_9 - PV = 10000 \times (1.06^9 - 1) = 6894.79 \tag{1.73}$$

$$FV_{10} - PV = 10000 \times (1.06^{10} - 1) = 7908.48 \tag{1.74}$$

これをグラフに示すと図 1.7 のようになる.

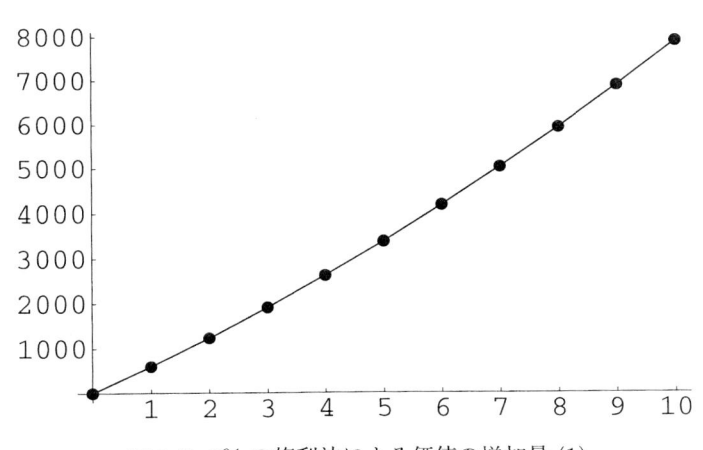

図 **1.7**: 6% の複利法による価値の増加量 (1)

同じ変化を，量的に長さ (幅が同じであるから柱の面積といってもよい) で表してみる．

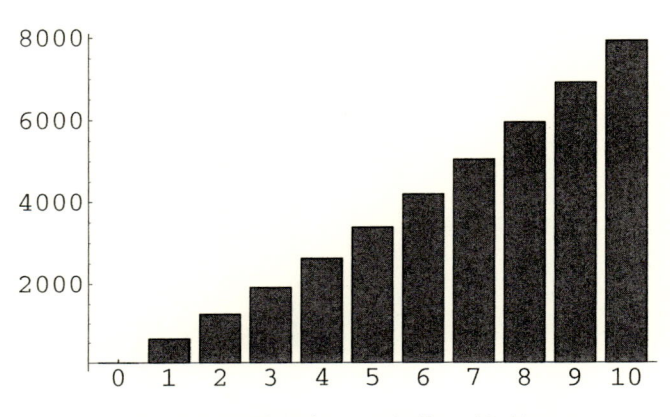

図 1.8: 6% の複利法による価値の増加量 (2)

今度は各期間の終わりにおける将来価値を求めてみる．現在価値が 10000 円のとき，年利率 6% での複利計算による将来価値は次のようになる．

$$PV = 10000 \tag{1.75}$$

$$FV_1 = 10000 \times (1+0.06) = 10600 \tag{1.76}$$

$$FV_2 = 10000 \times (1+0.06)^2 = 11236 \tag{1.77}$$

$$FV_3 = 10000 \times (1+0.06)^3 = 11910.2 \tag{1.78}$$

$$FV_4 = 10000 \times (1+0.06)^4 = 12624.8 \tag{1.79}$$

$$FV_5 = 10000 \times (1+0.06)^5 = 13382.3 \tag{1.80}$$

$$FV_6 = 10000 \times (1+0.06)^6 = 14185.2 \tag{1.81}$$

$$FV_7 = 10000 \times (1+0.06)^7 = 15036.3 \tag{1.82}$$

$$FV_8 = 10000 \times (1+0.06)^8 = 15938.5 \tag{1.83}$$

$$FV_9 = 10000 \times (1+0.06)^9 = 16894.8 \tag{1.84}$$

$$FV_{10} = 10000 \times (1+0.06)^{10} = 17908.5 \tag{1.85}$$

1.2 複利法と等比数列

この結果を図示すると図1.9となる.

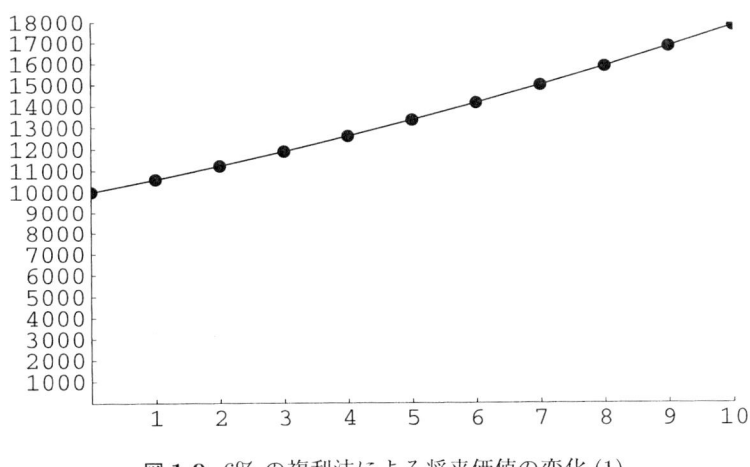

図1.9: 6%の複利法による将来価値の変化 (1)

同じ将来価値の変化を柱状のグラフで表す.

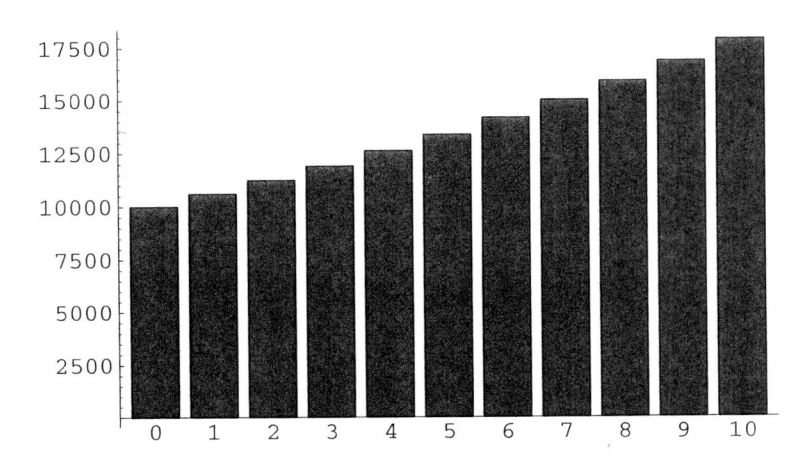

図1.10: 6%の複利法による将来価値の変化 (2)

現在価値 10000 円を複利法で運用する場合，年利率が 1%, 2%, 3%, 4%, 5%, 6%, 7%, 8%, 9%, 10% と異なる場合に，各期間までに増加する価値をグラフで表すと次のようになる．

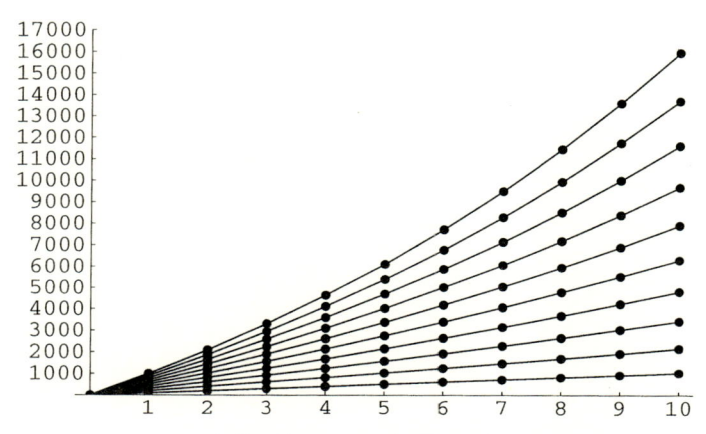

図 1.11: 金利の違いによる価値の増加額の違い

この図は下から 1%, 2%, ⋯, 10% の場合を表す．今度は利率の違いによる各期間の将来価値を数値で示しておく．

表 1.1: 複利法による将来価値

期間	1%	2%	3%	4%	5%	6%	7%	8%	9%	10%
1	10100	10200	10300	10400	10500	10600	10700	10800	10900	11000
2	10201	10404	10609	10816	11025	11236	11449	11664	11881	12100
3	10303	10612	10927	11249	11576	11910	12250	12597	12950	13310
4	10406	10824	11255	11699	12155	12625	13108	13605	14116	14641
5	10510	11041	11593	12167	12763	13382	14026	14693	15386	16105
6	10615	11262	11941	12653	13401	14185	15007	15869	16771	17716
7	10721	11487	12299	13159	14071	15036	16058	17138	18280	19487
8	10829	11717	12668	13686	14775	15938	17182	18509	19926	21436
9	10937	11951	13048	14233	15513	16895	18385	19990	21719	23579
10	11046	12190	13439	14802	16289	17908	19672	21589	23674	25937

1.2 複利法と等比数列

これをグラフで表すと次のようになる．

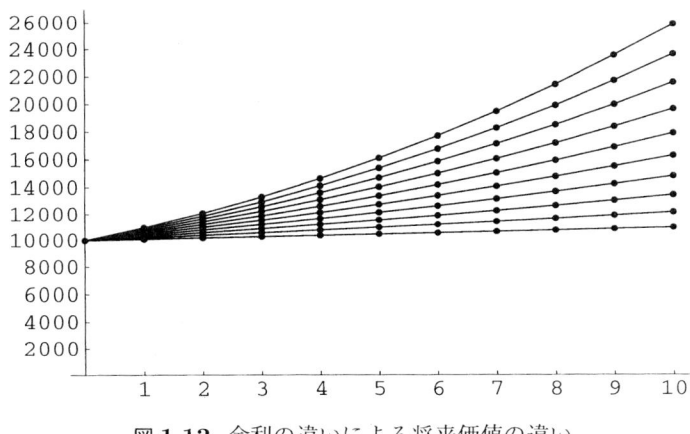

図 **1.12**: 金利の違いによる将来価値の違い

期間が 20 年になると将来価値はかなり急速に増加する．20 年までの将来価値の変化を利率別に示す．下側から，1%, 2%, 3%, $\cdots$, 10% を表す．

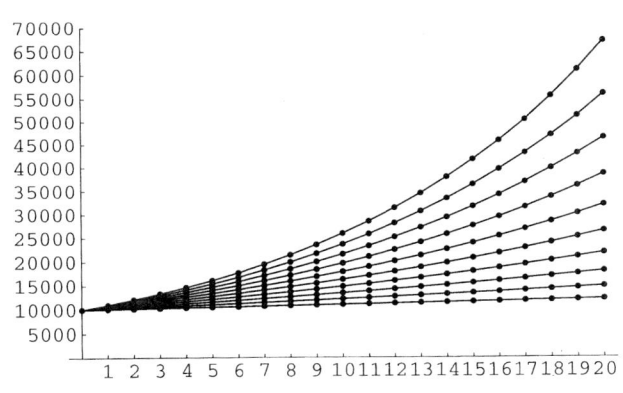

図 **1.13**: 金利の違いによる 20 年までの将来価値の違い

上のグラフは点と点の間を線分で結んだグラフであるが，途中を連続的な曲線で表すのは次のような指数関数のグラフである．年利率 m を 1 つ定めると指数関数 $f_m(x)$ が 1 つ定まり，1 本のグラフが得られる．図は m を 0.01

から 0.1 まで 0.01 刻みに変えたグラフである.

$$y = f(x) = 10000(1+m)^x \tag{1.86}$$

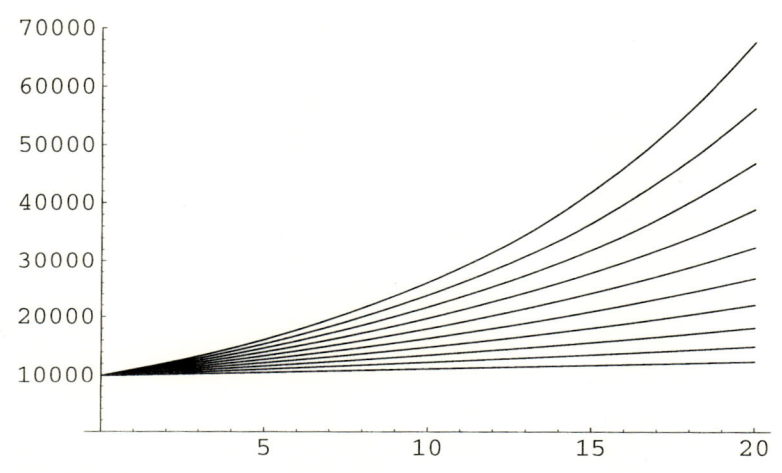

図 **1.14**: 指数関数 $y = f_m(x) = 10000(1+m)^x$ $(m = 0.01, \cdots, 0.1)$ のグラフ

一般に, A, a を定数として, 指数関数は次のように表せる.

$$y = f(x) = A\,a^x \tag{1.87}$$

x が $x+1$ に変化するときの, $f(x)$ の変化は次のようになる.

$$f(x+1) - f(x) = A\,a^{x+1} - A\,a^x = A\,a^x(a-1) \tag{1.88}$$

複利計算のように, $a = 1+r$ となっている場合には次のようになる.

$$f(x+1) - f(x) = A\,(1+r)^{x+1} - A\,(1+r)^x = A\,(1+r)^x r \tag{1.89}$$

x が $x+h$ まで変化したときの $f(x)$ の変化量は次のようになる.

$$f(x+h) - f(x) = A\,a^{x+h} - A\,a^x = A\,a^x(a^h - 1) \tag{1.90}$$

1.2.7 単利法と複利法の差

10000 円を年利率 6% で運用する場合,複利法と単利法による違いを調べてみる. n 年後の複利法による将来価値 CFV_n と,単利法による将来価値 SFV_n の差を計算してみる.

$CFV_1 - SFV_1 = 10000 \times (1+0.06)^1 - 10000 \times (1+0.06 \times 1) = 0$
$CFV_2 - SFV_2 = 10000 \times (1+0.06)^2 - 10000 \times (1+0.06 \times 2) = 36$
$CFV_3 - SFV_3 = 10000 \times (1+0.06)^3 - 10000 \times (1+0.06 \times 3) = 110.160$
$CFV_4 - SFV_4 = 10000 \times (1+0.06)^4 - 10000 \times (1+0.06 \times 4) = 224.770$
$CFV_5 - SFV_5 = 10000 \times (1+0.06)^5 - 10000 \times (1+0.06 \times 5) = 382.256$
$CFV_6 - SFV_6 = 10000 \times (1+0.06)^6 - 10000 \times (1+0.06 \times 6) = 585.191$
$CFV_7 - SFV_7 = 10000 \times (1+0.06)^7 - 10000 \times (1+0.06 \times 7) = 836.303$
$CFV_8 - SFV_8 = 10000 \times (1+0.06)^8 - 10000 \times (1+0.06 \times 8) = 1138.48$
$CFV_9 - SFV_9 = 10000 \times (1+0.06)^9 - 10000 \times (1+0.06 \times 9) = 1494.79$
$CFV_{10} - SFV_{10} = 10000 \times (1+0.06)^{10} - 10000 \times (1+0.06 \times 10)$
$$= 1908.48$$

将来価値の増加量の複利法と単利法による差をグラフで見よう.

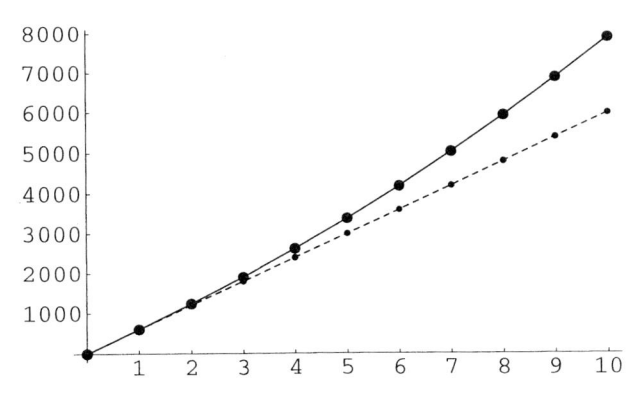

図 **1.15**: 年利率 6% の複利法と単利法による価値の増加量 (1)

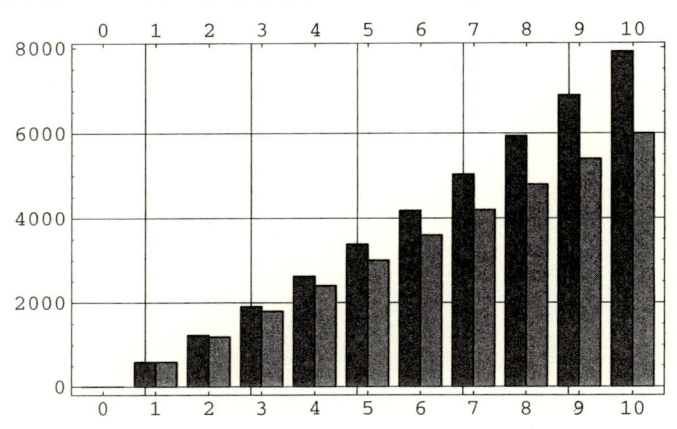

同じ複利法と単利法の比較を柱状のグラフで描いてみる.

図 1.16: 年利率 6% の複利法と単利法による価値の増加量 (2)

複利法と単利法であまり違わないようにも見えるかもしれないが, 10% の利率で 20 年間を見るとかなりの差が見られる.

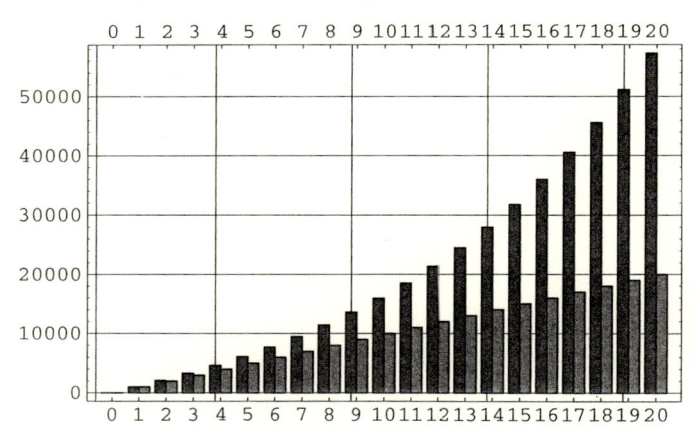

図 1.17: 年利率 10% の複利法と単利法による価値の増加量 (2)

一般に, 現在価値を PV, 年利率を r, 期間を n としたときの, 複利法による将来価値 CFV_n と単利法による将来価値 SFV_n の差は次のようになる.

$$CFV_n - SFV_n = PV\{(1+r)^n - 1 - nr\} \tag{1.91}$$

1.3 割引率と現在価値

5 年後に 100 万円を必要としているとしよう．これが将来価値である．現在価値をいくら用意すれば，その運用によって 5 年後に 100 万円になるのだろうか．現在用意するべき金額が現在価値である．

1.3.1 単利法による現在価値

年利率 6% の単利で運用する場合，5 年後に $FV_5 = 1000000$ 円の将来価値になるための現在価値 PV を知りたいという問題である．

この問題を解くためには，現在価値から将来価値を導いた式が使える．

$$FV_5 = PV(1 + rn) = PV(1 + 0.06 \times 5) \tag{1.92}$$

今の場合，$FV_5 = 1000000$ となる場合であるから次の式が成り立つ．

$$1000000 = PV(1 + 0.06 \times 5) \tag{1.93}$$

これは，PV を未知数とする方程式である．方程式は未知数を x としないとわかりにくいという人は次のように表せばよい．

$$(1 + 0.06 \times 5)x = 1000000 \tag{1.94}$$

両辺を $(1 + 0.06 \times 5)$ で割って PV が次のように求められる．

$$PV = \frac{1000000}{1 + 0.06 \times 5} = 769231 \qquad (円未満は四捨五入) \tag{1.95}$$

$$x = \frac{1000000}{1 + 0.06 \times 5} = 769231 \tag{1.96}$$

現在価値で 769231 円があれば，5 年後には 1000000 円になっているはずである．念のため検算してみるとよい．現在価値が 769231 円に対する 5 年後の将来価値を計算する．

$$769231 \times (1 + 0.06 \times 5) = 1000000 \qquad (円未満は四捨五入) \tag{1.97}$$

一般に, n 年後の将来価値 FV_n に対する現在価値を求める計算式は次のようになる. ただし年利率を r とし, 単利法による運用の場合である.

$$FV_n = PV(1+nr) \tag{1.98}$$

この両辺を $(1+nr)$ で割って公式が得られる.

---
n 年後の価値に対する単利法による現在価値

$$現在価値 = \frac{将来価値}{1+nr} \tag{1.99}$$

$$PV = \frac{FV_n}{1+nr} \tag{1.100}$$

$FV_n = 1000000$ 円とし, 期間を $n=0, n=1, n=2, \cdots, n=10$ とした場合の現在価値をグラフで示す.

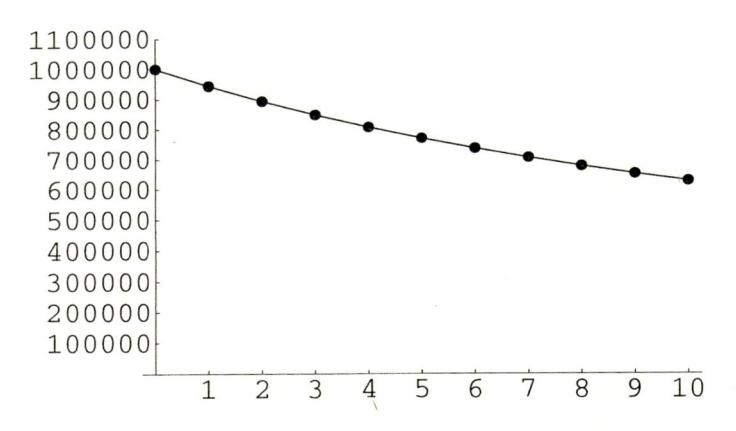

図 1.18: 年利率 6% の場合, 単利法による現在価値

同じグラフを柱状グラフで表す. たとえば横座標の 6 の柱状の高さは, その値を現在準備すれば 6 年後には 1000000 円になることを表している.

1.3 割引率と現在価値

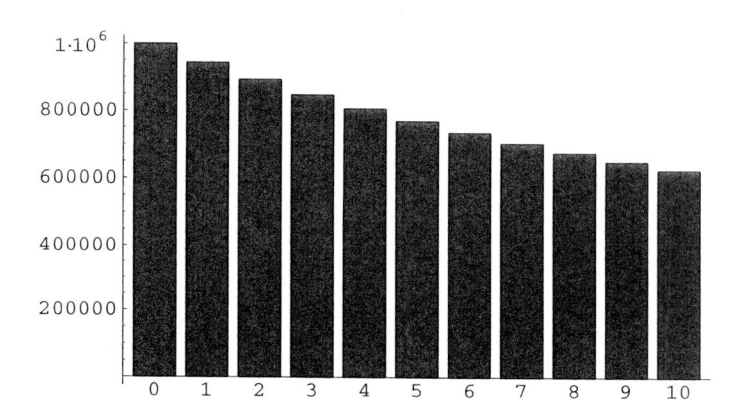

図 **1.19**: 年利率 6% の場合, 単利法による現在価値 (2)

今度はいろいろな年利率に対して, 現在価値がどのように異なるかをデータとして表にしておく. 1000000 円では大きすぎるので, 10000 円に対する現在価値を示しておく.

表 **1.2**: 単利法の利率の違いによる現在価値の違い

期間	1%	2%	3%	4%	5%	6%	7%	8%	9%	10%
1	9901	9804	9709	9615	9524	9434	9346	9259	9174	9091
2	9804	9615	9434	9259	9091	8929	8772	8621	8475	8333
3	9709	9434	9174	8929	8696	8475	8264	8065	7874	7692
4	9615	9259	8929	8621	8333	8065	7813	7576	7353	7143
5	9524	9091	8696	8333	8000	7692	7407	7143	6897	6667
6	9434	8929	8475	8065	7692	7353	7042	6757	6494	6250
7	9346	8772	8264	7813	7407	7042	6711	6410	6135	5882
8	9259	8621	8065	7576	7143	6757	6410	6098	5814	5556
9	9174	8475	7874	7353	6897	6494	6135	5814	5525	5263
10	9091	8333	7692	7143	6667	6250	5882	5556	5263	5000

このデータをグラフに表しておくと次にようになる. 上から下へ, 1%, 2%,

3%, ⋯, 9%, 10% の場合である.

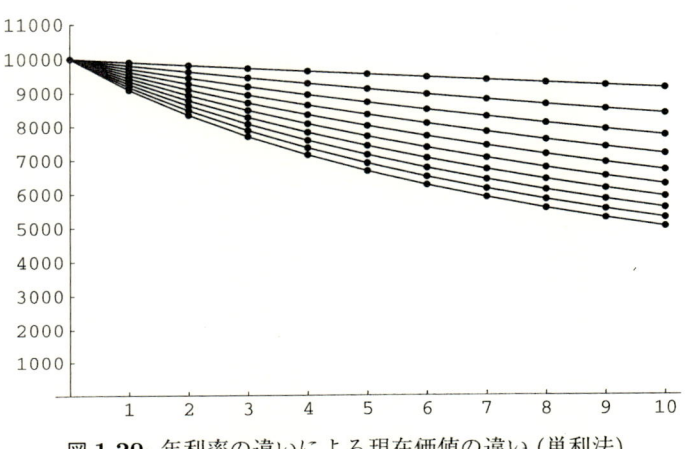

図 1.20: 年利率の違いによる現在価値の違い (単利法)

1.3.2 複利法による現在価値

5年後に 100 万円を手に入れるためには現在いくら用意して運用すればよいかを,複利法の場合に調べよう.年利率を 6% として求める.5年後の将来価値 FV_5 に対する現在価値を PV とすると次の式が成り立つ.

$$FV_5 = PV \times (1 + 0.06)^5 \tag{1.101}$$

$FV_5 = 1000000$ となるような現在価値 PV は次の式から求められる.

$$1000000 = PV \times (1 + 0.06)^5 \tag{1.102}$$

両辺を $(1 + 0.06)^5$ で割ることにより PV が得られる.

$$PV = \frac{1000000}{(1 + 0.06)^5} = \frac{1000000}{1.33823} = 747258 \tag{1.103}$$

一般に,n 年後に FV_n の価値を得るための現在価値 PV を求めるには,次の式の両辺を $(1 + r)^n$ で割って得られる.ファイナンスの分野ではこの

1.3 割引率と現在価値

場合の年利率を **割引率** という.

$$FV_n = PV\,(1+r)^n \tag{1.104}$$
$$n\,\text{年後の将来価値} = \text{現在価値} \times (1+r)^n \tag{1.105}$$

---
n 年後の将来価値に対する複利法による現在価値

$$\text{現在価値} = \frac{n\,\text{年後の将来価値}}{(1+r)^n} \tag{1.106}$$
$$PV = \frac{FV_n}{(1+r)^n} \tag{1.107}$$

---

n 年後に求める価値が 1000000 円であるときの現在価値の n による違いをグラフに表してみる. ただし, 割引率 (年利率) は 6% とする.

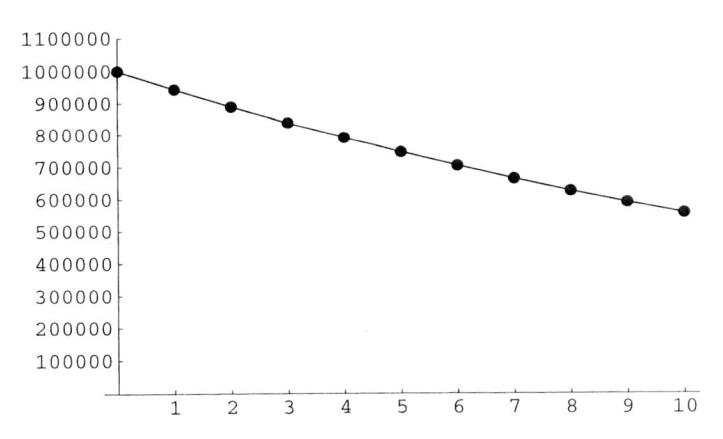

図 **1.21**: 年利率 6% の複利法による 1000000 円に対する現在価値

1000000 円に対する現在価値は, 年数が長ければそれだけ少なくてよいことがわかる.

結果は単利法の場合とあまり変わらないように見えるかもしれない. そこで, 単利法による現在価値と複利法による現在価値を同時に表してみる.

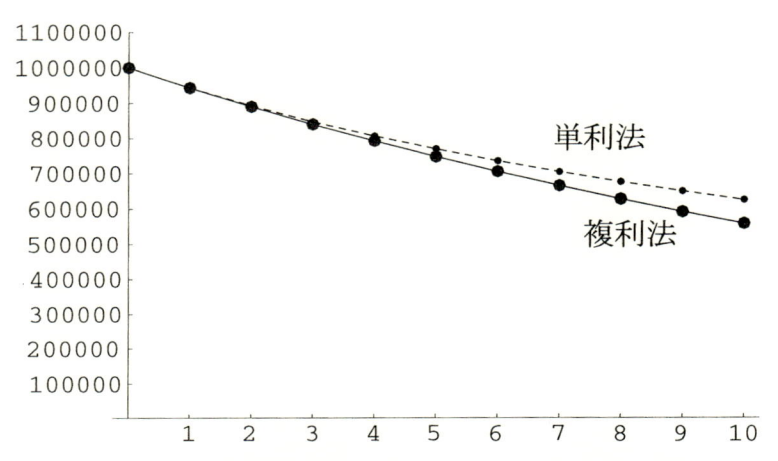

図 **1.22**: 年利率 6% の複利法と単利法による 1000000 円に対する現在価値 (1)

同じ現在価値の違いを，20 年まで棒グラフで表しておく．高さが低く濃い方が複利法による現在価値である．

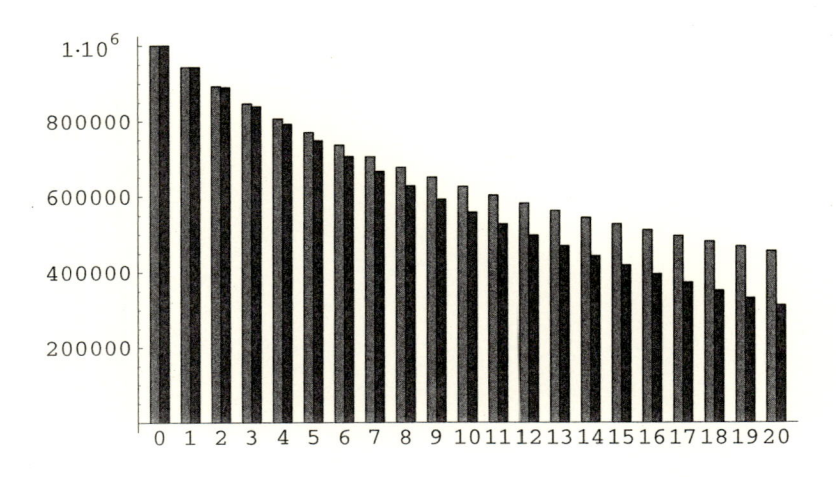

図 **1.23**: 年利率 6% の複利法と単利法による 1000000 円に対する現在価値 (2)

1.3 割引率と現在価値

今度は金利の違いによる現在価値の違いを数値で求めて表にしておく．目標の将来価値は 10000 円とする．

表 1.3: 複利法の割引率 (年利率) の違いによる現在価値の違い

期間	1%	2%	3%	4%	5%	6%	7%	8%	9%	10%
1	9901	9804	9709	9615	9524	9434	9346	9259	9174	9091
2	9803	9612	9426	9246	9070	8900	8734	8573	8417	8264
3	9706	9423	9151	8890	8638	8396	8163	7938	7722	7513
4	9610	9238	8885	8548	8227	7921	7629	7350	7084	6830
5	9515	9057	8626	8219	7835	7473	7130	6806	6499	6209
6	9420	8880	8375	7903	7462	7050	6663	6302	5963	5645
7	9327	8706	8131	7599	7107	6651	6227	5835	5470	5132
8	9235	8535	7894	7307	6768	6274	5820	5403	5019	4665
9	9143	8368	7664	7026	6446	5919	5439	5002	4604	4241
10	9053	8203	7441	6756	6139	5584	5083	4632	4224	3855

目標額を 1000000 円とし，期間を 20 年までとって割引率 (年利率) を 1%, 2%, 3%, ⋯, 10% までとしてそれぞれ必要な現在価値をグラフに描いてみる．上から下へ利率が高くなっていく．

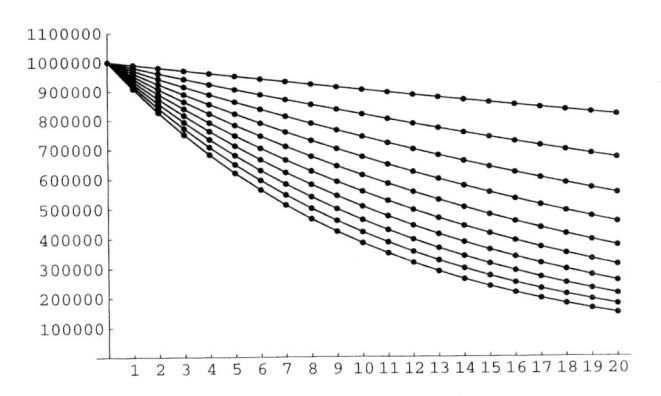

図 1.24: 20 年までの割引率 (年利率)，複利の変化による現在価値の違い

15年後の1000000円に対する現在価値が，複利法の利率によってどのような違いになるかを棒グラフで表すと次のようになる．

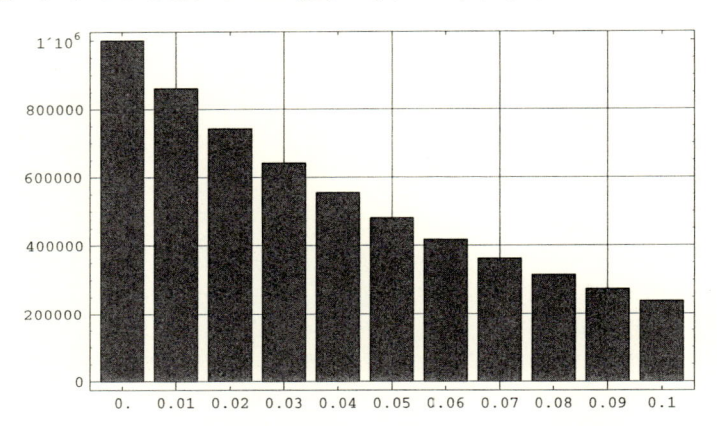

図 **1.25**: 15年の割引率 (年利率) の違いによる現在価値の違い

期間が n 年の後に得られる 1 円の現在価値は次のようになる．ただし，割引率すなわち年利率を r とする．

$$PV = \frac{1}{(1+r)^n} \tag{1.108}$$

このような，単位貨幣量 (1 円) の価値に対する現在価値を**現在価値係数** (present value factor) という．

これを PVF_n と表すと，n 期後に得られる A 円の現在価値 PV は次のように表せる．

$$PV = A \times PVF_n \tag{1.109}$$

1.3.3 financial calculator による現在価値の求め方

10年後に1000000円を必要としている．年利率6%を保証しているある金融機関に投資するとして，現在いくらあればよいかを求める．

将来価値 FV，期間 n，利率 r から現在価値 PV を求める方法である．

1.3 割引率と現在価値

次のように入力する.

1000000 [FV]
10 [n]
6 [i%]
[COMP] [PV]

と入力すると次のような出力が得られる.

−558394.7769

これは,はじめに558395円を投資すればよいことを意味している.

ほかの条件は同じで,$n = 15$ としたら現在価値はどのくらいになるかを求めるのに,はじめから全部入力しなおす必要はなく,そのまま次のように入力すればよい.

15 [n]
[COMP] [PV]

と入力すると次のような出力が得られる.

−417265.0607

今度ははじめに417265円あればよいことを示している.

さらに,このまま利率だけを5%にした場合の現在価値を求めるには次のように入力するだけでよい.

5 [i%]
[COMP] [PV]

と入力すると次のような出力が得られる.

−481017.0981

今度ははじめに481017円が必要であることを示している.

この計算の基礎になっている期間を確認したいときは次のように入力する.

[COMP] [n]

次の出力が得られる.

15

演習問題　1

[1] 100万円を年利率2%の単利法で運用するとき，1年後，2年後，3年後，4年後の将来価値を求めよ．

[2] 200万円を年利率4%の複利法で運用するとき次の値を求めよ．
　(1) 1年後の将来価値 (1年後の元利合計)
　(2) 2年後の将来価値
　(3) 3年後の将来価値
　(4) 4年後の将来価値
　(5) 4年間に増加した価値

[3] 200万円を年利率6%で運用する．
　(1) 将来価値が250万円になるのは何年後か．
　(1) 将来価値が350万円になるのは何年後か．
　(1) 将来価値が400万円になるのは何年後か．

[4] 200万円を10年間で300万円になるように運用するには，年利率いくらの複利で運用すればよいか求めよ．

[5] 200万円を6年間で280万円になるように運用するには，年利率いくらの複利で運用すればよいか求めよ．

[6] 年利率7%の単利で運用し，6年後の将来価値が300万円になるようにするには現在いくら用意すればよいか．現在価値を求めよ．

[7] 年利率2%の複利で運用し，4年後の将来価値が100万円になるようにするには現在いくら用意すればよいか．現在価値を求めよ．

[8] 年利率4%の複利で運用し，5年後の将来価値が200万円になるようにするには現在いくら用意すればよいか．現在価値を求めよ．

2. 複数のキャッシュフローの将来価値・現在価値

キャッシュフロー (cash flow) は文字通りお金の流れである．営業活動，投資活動，財務活動のそれぞれで，どれだけの資金を獲得したり，支出したり，回収したり，調達したり，返済したりするかを表す．

ここでは主として，決まった時期に一定量のキャッシュフローを追加したり返済したりするアニュイティ(広義の年金の意味で，最近ファイナンスではこの用語を一般的に使う) を扱う．

2.1 アニュイティの将来価値 (単利法)

2.1.1 将来価値 (単利法) の和

退職した後の老後の生活のために毎年ボーナスの中から一定額を預金していくように，キャッシュフローが複数ある場合には，個々のキャッシュフローの和を求める必要がある．

債権などでも定期的にキャッシュフローが得られる場合にはこれに当たる．

例 2.1. 毎年のはじめに 100000 円を預金口座に入金するものとしよう．途中で引き出したりはしないものとすると，10 年後の末には総額いくらが口座に存在するであろうか．すなわち，10 年後の将来価値を求めよう．年利率を 6% とする．

今年のはじめに入金した 100000 円の 10 年後の将来価値，2 年目のはじめに入金した 100000 円の 10 年後の将来価値，…，10 年目のはじめに入金した 100000 円の 10 年後末における将来価値を次のように求める．

$$100000 \times (1 + 0.06 \times 10) = 160000 \tag{2.1}$$
$$100000 \times (1 + 0.06 \times 9) = 154000 \tag{2.2}$$
$$100000 \times (1 + 0.06 \times 8) = 148000 \tag{2.3}$$
$$100000 \times (1 + 0.06 \times 7) = 142000 \tag{2.4}$$
$$100000 \times (1 + 0.06 \times 6) = 136000 \tag{2.5}$$
$$100000 \times (1 + 0.06 \times 5) = 130000 \tag{2.6}$$
$$100000 \times (1 + 0.06 \times 4) = 124000 \tag{2.7}$$
$$100000 \times (1 + 0.06 \times 3) = 118000 \tag{2.8}$$
$$100000 \times (1 + 0.06 \times 2) = 112000 \tag{2.9}$$
$$100000 \times (1 + 0.06 \times 1) = 106000 \tag{2.10}$$

これらを柱状グラフで表してみる．

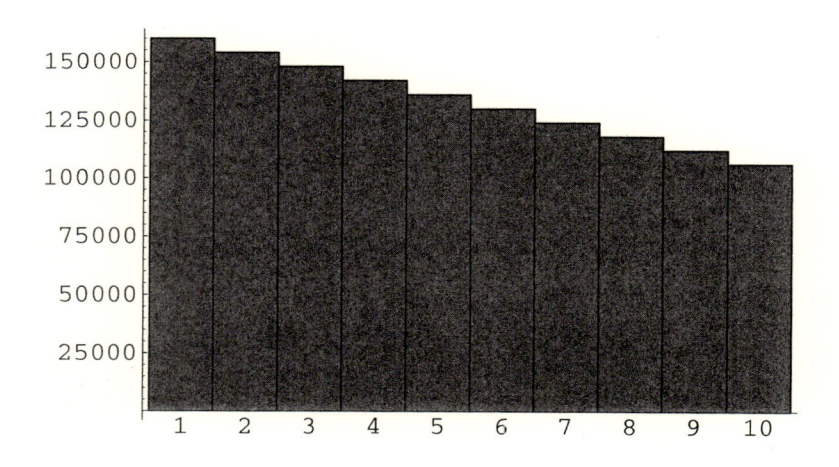

図 **2.1**: 10 年間のキャッシュフロー

これらの総和を求めればよい．

2.1 アニュイティの将来価値 (単利法)

$$160000 + 154000 + 148000 + 142000 + 136000 + 130000 + 124000$$
$$+ 118000 + 112000 + 106000 = 1330000 \tag{2.11}$$

10 年後の末における将来価値は 133 万円であることがわかる．図 2.1 において，各期の柱状の面積が将来価値に対応していると考えると，総面積を求めていることになる．

2.1.2 将来価値 (単利法) の和と等差数列の和

例 2.1 を記号を使って表していこう．$k+1$ 年目のはじめに入金する金額 100000 円の，10 年目の末での将来価値を a_k とする．期間は $(10-k)$ となり，年利率を 6% としているので次のように表せる．

$$a_k = 100000 \times \{1 + 0.06 \times (10-k)\}$$
$$= 100000 + 100000 \times 0.06 \times (10-k) \tag{2.12}$$

1 年違いの a_k を比較すると，期間が 1 年違うだけであるから，$100000 \times 0.06 = 6000$ の違いで一定となり，等差数列となる．これは次のような計算でもわかる．100000 はキャンセルされる．

$$a_{k+1} - a_k = 100000 \times 0.06 \times \{(10-(k+1)) - (10-k)\}$$
$$= 100000 \times 0.06 \times (-1) = -6000 \tag{2.13}$$

この数列 a_k は，初項が $a_0 = 160000$ で公差が $d = -6000$ の等差数列である．等差数列の和を求める式を紹介しておく．ここでは数列を a_0 からはじめたが，a_1 からはじめる場合もある．そのときの事情でわかりやすい方を使えばよいが，両方あるので注意が必要である．

初項 a, 公差 d, 項数 n の等差数列の和の公式

$$a_0 + a_1 + \cdots + a_{n-1} = \sum_{k=0}^{n-1} a_k = \frac{n\{2a + (n-1)d\}}{2} \tag{2.14}$$

$$= \frac{項数 \times \{2 \times 初項 + (項数-1) \times 公差\}}{2} \tag{2.15}$$

$\sum$ はギリシア文字の大文字のシグマで, $\sum_{k=0}^{n-1} a_k$ は, a_k における k を $k=0$ から $k=n-1$ まで変化させて加えることを意味している.

この公式は次のように容易に求めることができる. 和を S とおいて順序を反対にして並べてみるとよい.

$$S = a + (a+d) + (a+2d) + (a+3d) + \cdots + \{a+(n-1)d\} \quad (2.16)$$
$$S = \{a+(n-1)d\} + \{a+(n-2)d\} + \cdots + (a+d) + a \quad (2.17)$$

これを加えると各項が等しくなる.

$$2S = \{2a+(n-1)d\} + \{2a+(n-1)d\} + \cdots + \{2a+(n-1)d\} \quad (2.18)$$
$$= n\{2a+(n-1)d\} \quad (2.19)$$

両辺を 2 で割って公式が得られる.

今の例で, 毎年価値 PV を期間が n, 利率が r の単利法で預金する場合, 初期値を $PV \times (1+nr)$, 項数 n, 公差 $-PVr$ とすると次のようになる.

単利法によるアニュイティの将来価値

$$FV_n = \frac{nPV\{2+(n+1)r\}}{2} \quad (2.20)$$

$$将来価値 = \frac{期間 \times 毎年の入金額 \times \{2+(期間+1) \times 年利率\}}{2} \quad (2.21)$$

今の例では次のように活用できる.

$$S = \frac{10 \times 100000 \times \{2+(10+1) \times 0.06\}}{2} = 1330000 \quad (2.22)$$

等差数列の和の公式は, 図2.1を見てもわかるように, 面積を求めることと同じであるから, 柱状の中心を通る線で台形にすると, 台形の面積を求める公式からも得られる. この場合高さが横になっている.

$$S = \frac{(上底+下底) \times 高さ}{2} = \frac{(a_0 + a_{n-1}) \times n}{2} = \frac{n\{2a+(n-1)d\}}{2}$$

2.2 アニュイティの将来価値 (複利法)

2.2.1 将来価値 (複利法) の和

問題の設定は単利法の場合とまったく同様である．単利の計算方法を複利にするだけでよい．

子供が成長して大学に入学するときにかなりのまとまった金額が必要だとして，毎年ボーナスの中から一定額を預金していくようなときに，個々のキャッシュフローの和を求めるようなときである．ただし，預金した金額は複利法で運用される．

例 2.2. 毎年のはじめに 100000 円を預金口座に入金するものとしよう．途中で引き出したりはしないものとすると，10 年後の末には総額いくらが口座に存在するであろうか．すなわち，10 年後の将来価値を求めよう．年利率を 6% とし，複利法で計算されるとする．

はじめに入金した 100000 円の 10 年後の将来価値，2 年目のはじめに入金した 100000 円の 10 年後の将来価値，$\cdots$，10 年目のはじめに入金した 100000 円の 10 年後末における将来価値を次のように求める．

$$100000 \times (1+0.06)^{10} = 179085 \tag{2.23}$$

$$100000 \times (1+0.06)^{9} = 168948 \tag{2.24}$$

$$100000 \times (1+0.06)^{8} = 159385 \tag{2.25}$$

$$100000 \times (1+0.06)^{7} = 150363 \tag{2.26}$$

$$100000 \times (1+0.06)^{6} = 141852 \tag{2.27}$$

$$100000 \times (1+0.06)^{5} = 133823 \tag{2.28}$$

$$100000 \times (1+0.06)^{4} = 126248 \tag{2.29}$$

$$100000 \times (1+0.06)^{3} = 119102 \tag{2.30}$$

$$100000 \times (1+0.06)^{2} = 112360 \tag{2.31}$$

$$100000 \times (1+0.06)^{1} = 106000 \tag{2.32}$$

これらを柱状グラフで表してみる.

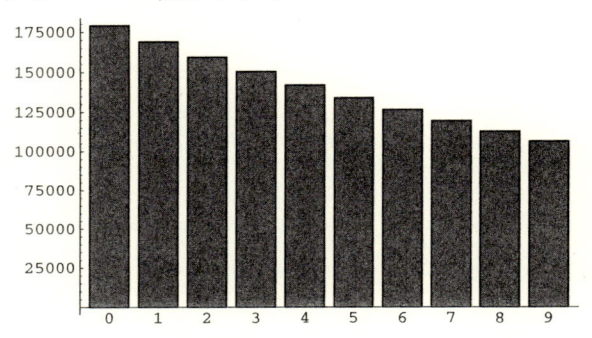

図 **2.2**: 10 年間のキャッシュフロー (複利法)

これらの総和を求めればよい.
$$179085 + 168948 + 159385 + 150363 + 141852 + 133823 + 126248$$
$$+ 119102 + 112360 + 106000 = 1397166 \tag{2.33}$$

10 年後の末における将来価値は 1397166 万円であることがわかる. グラフ表示において, 各期の柱状の面積が将来価値に対応していると考えると, 総面積を求めていることになる.

単利法と複利法を比較してみると次の図のようになる.

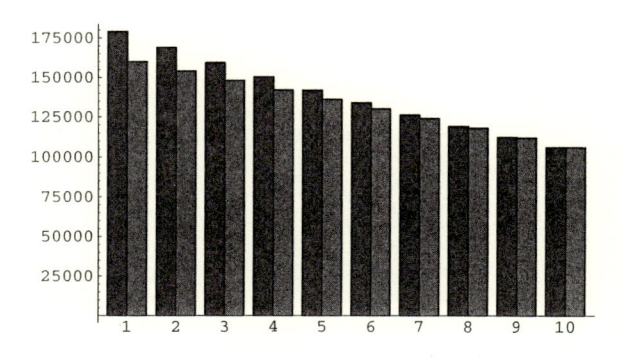

図 **2.3**: 複利法 (濃い方) と単利法 (薄い方) による, 10 年間キャッシュフロー

2.2 アニュイティの将来価値 (複利法)

今度は 15 年間, 年利率 6% のキャッシュフローの和を, 複利法と単利法を並べて表してみる.

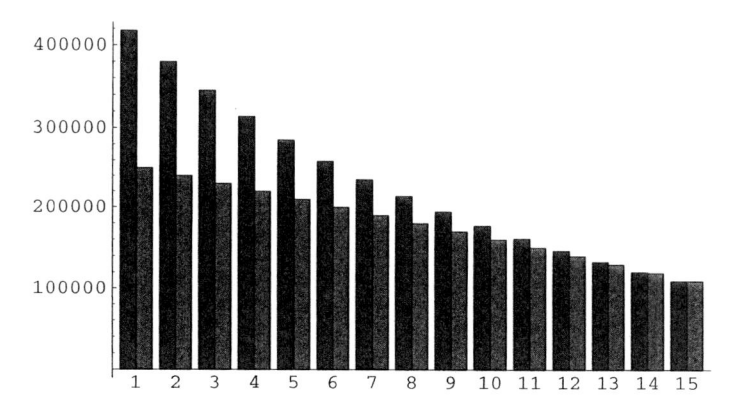

図 2.4: 複利法 (濃い方) と単利法 (薄い方) による, 15 年間キャッシュフロー

2.2.2　financial calculator による計算

毎年のはじめに 100000 円を入金する. 年利率 6% の複利で計算する. 15 年間で総額いくらになるかを求める.

$PMT = 100000$, $r = 0.06$, $n = 15$ として FV を求める.

100000 [+-] [PMT]
6 [i%]
15 [n]
[BGN]
[COMP] [FV]

と入力すると次のような出力が得られる.

2467252.808

[BGN] は期首に入金する場合の計算で, BGN の表示がすでにあるときには入力する必要はない.

2.2.3 将来価値 (複利法) の和と等比数列の和

例2.2を記号を使って表していこう．$k+1$ 年目のはじめに入金する金額 100000 円の，10 年後の将来価値を a_k とする．期間は $(10-k)$ 年となり，年利率を 6% としているので次のように表せる．

$$a_k = 100000 \times (1+0.06)^{(10-k)} \tag{2.34}$$

1 年違いの a_{k+1} と a_k の比をとってみると，期間が 1 年違うだけであるから，次のようになる．

$$\frac{a_{k+1}}{a_k} = \frac{100000 \times (1+0.06)^{\{10-(k+1)\}}}{100000 \times (1+0.06)^{(10-k)}} = \frac{1}{1+0.06} = 0.943396 \tag{2.35}$$

2 項の比が一定であるから等比数列となる．

この数列 a_k は，初項が $a_0 = 179085$ で公比が $R = 0.943396$ の等比数列である．等比数列の和を求める式を紹介しておく．ここでは数列を a_0 からはじめているので，高等学校の教科書などで a_1 からはじめている場合と，表現が一部異なるので注意が必要である．

初項 a, 公比 R, 項数 n の等比数列の和の公式

$$a + aR + aR^2 + \cdots + aR^{n-1} = \sum_{k=0}^{n-1} aR^k \tag{2.36}$$

$$= \begin{cases} \dfrac{a(1-R^n)}{1-R} & (R \neq 1 \text{ のとき}) \\ na & (R = 1 \text{ のとき}) \end{cases} \tag{2.37}$$

$$= \begin{cases} \dfrac{\text{初項} \times (1-\text{公比}^{\text{項数}})}{1-\text{公比}} & (\text{公比} \neq 1 \text{ のとき}) \\ \text{項数} \times \text{初項} & (\text{公比} = 1 \text{ のとき}) \end{cases} \tag{2.38}$$

2.2 アニュイティの将来価値 (複利法)

この公式は次のように容易に求めることができる. 和を S とおいて RS との差をとってみる.

$$S = a + aR + aR^2 + aR^3 + \cdots + aR^{n-1} \tag{2.39}$$

$$RS = aR + aR^2 + aR^3 + aR^4 + \cdots + aR^n \tag{2.40}$$

$$S - RS = a - aR^n \tag{2.41}$$

$$(1-R)S = a(1-R^n) \tag{2.42}$$

$R \neq 1$ ならば $1-R$ で割って公式が得られる.
$R = 1$ のときは別に次のように求められる.

$$S = a + a + a + \cdots + a + a = na \tag{2.43}$$

初項 3, 公比 1.2, 項数 20 の等比数列の和は次のように求められる.

$$S = \frac{3 \times (1 - 1.2^{20})}{1 - 1.2} = 560.064 \tag{2.44}$$

100000 円を毎年はじめに入金するとき, はじめの期末の額 $a = 100000 \times (1 + 0.06)^{10} = 179085$ が初項になる. この例でこの式を使って和を求めると次のようになる.

$$S = \frac{179085 \times (1 - 0.943396^{10})}{1 - 0.943396} = 1397165 \tag{2.45}$$

a. 毎期の積み立て額 PMT, r, n から将来価値の和 FV を求める

一般に, 毎年はじめに入金する額を PMT, 年利率を r, 期間を n 年としたとき, n 年後の将来価値の総和 FV は次のように表せる.

$$FV = PMT \times (1+r)^n + PMT \times (1+r)^{n-1} + \cdots + PMT \times (1+r) \tag{2.46}$$

$$= \frac{PMT \times (1+r)^n \times \left\{1 - \frac{1}{(1+r)^n}\right\}}{1 - \frac{1}{1+r}} \tag{2.47}$$

$$= \frac{PMT \times (1+r)\left\{(1+r)^n - 1\right\}}{r} \tag{2.48}$$

まとめると次のようになる．PMT は毎年はじめに入金する額，r は年利率，n は期間 (年)，FV は n 年後の将来価値の総和である．

$PMT, r, n,$ から n 年後の総和 FV を求める公式

$$FV = \frac{PMT(1+r)\{(1+r)^n - 1\}}{r} \tag{2.49}$$

$$将来価値の総和 = \frac{毎年の額 \times (1+利率) \times \{(1+利率)^{期間} - 1\}}{利率} \tag{2.50}$$

$PMT = 100000, r = 0.06, n = 10$ を代入して FV を計算して求めると次のようになる．

$$FV = \frac{100000 \times (1+0.06) \times \{(1+0.06)^{10} - 1\}}{0.06} = 1397164 \tag{2.51}$$

b. 将来価値の和 FV, r, n から毎期の積み立て額 PMT を求める

FV を PMT, r, n で表した式を，PMT について解くだけでよい．

$FV, r, n,$ から PMT を求める公式

$$PMT = \frac{FVr}{(1+r)\{(1+r)^n - 1\}} \tag{2.52}$$

$$毎年の額 = \frac{将来価値の総和 \times 利率}{(1+利率) \times \{(1+利率)^{期間} - 1\}} \tag{2.53}$$

10 年後に 2000000 円を得るために毎年はじめにいくらを入金すればよいか．ただし，年利率を 6% とする．$FV = 2000000, r = 0.06, n = 10$ を代入して計算する．

$$PMT = \frac{2000000 \times 0.06}{(1+0.06) \times \{(1+0.06)^{10} - 1\}} = 143147 \tag{2.54}$$

2.2 アニュイティの将来価値 (複利法)

financial calculator では次のように入力して結果が得られる.

2000000 `FV`
6 `i%`
10 `n`
`BGN`
`COMP` `PMT`

と入力すると次のような出力が得られる.

-143147.091

毎年 143148 円入金すればよいことを示している.

c. PMT, FV, r から n を求める

$$FV = \frac{PMT(1+r)\{(1+r)^n - 1\}}{r} \tag{2.55}$$

を n について解く.

$$(1+r)^n - 1 = \frac{FV\,r}{PMT(1+r)} \tag{2.56}$$

$$(1+r)^n = \frac{FV\,r}{PMT(1+r)} + 1 \tag{2.57}$$

$$n = \log_{1+r}\left(\frac{FV\,r}{PMT(1+r)} + 1\right) \tag{2.58}$$

$$= \frac{\log_e \dfrac{FV\,r + PMT(1+r)}{PMT(1+r)}}{\log_e(1+r)} \tag{2.59}$$

$$= \frac{\log_e\{FV\,r + PMT(1+r)\} - \log_e PMT - \log_e(1+r)}{\log_e(1+r)} \tag{2.60}$$

毎年 100000 円を入金し, 年利率 6% で運用するとき, 3000000 円になるのに何年かかるかを計算してみる.

$$n = \frac{\log_e\{3000000 \times 0.06 + 100000 \times (1+0.06)\} - \log_e 100000 - \log_e(1+0.06)}{\log_e(1+0.06)}$$

$$= 17.034 \tag{2.61}$$

17年で少し足りないことがわかる.

financial calculator では次のように入力すればよい.

3000000 [FV]

6 [i%]

100000 [+-] [PMT]

[BGN]

[COMP] [n]

と入力すると次のような出力が得られる.

17.03400233

d. PMT, FV, n から r を求める

今度は r について整理する.

$$(1+r)\{(1+r)^n - 1\} = \frac{FV\,r}{PMT} \tag{2.62}$$

$$(1+r)^{n+1} - 1 - r - \frac{FV}{PMT}r = 0 \tag{2.63}$$

$$(1+r)^{n+1} - \left(1 + \frac{FV}{PMT}\right)r - 1 = 0 \tag{2.64}$$

r についてのこの方程式の解を一般的に求めることはできない. PMT, FV, n に具体的な数値を入れた場合には, 数値解を求めることはできる. 数値解を求めるにはいろいろな方法があるが, コンピュータの数学ソフトなどを使えば簡単に数値解を求めてくれる.

毎年 100000 円を入金し, 10 年後に 1500000 円を得るためには, 利率をいくらのところで運用すればよいかを求めてみる.

$$(1+r)^{11} - \left(1 + \frac{1500000}{100000}\right)r - 1 = 0 \tag{2.65}$$

を数学ソフトを用いて数値解を求めると $r = 0.0725674$ が得られる.

この方程式の左辺は r の 11 次関数であるが, $0 \leq r \leq 0.1$ の範囲でグラフを描いてみると, 方程式の解は軸と交わるところであることがわかる.

2.3 アニュイティの現在価値

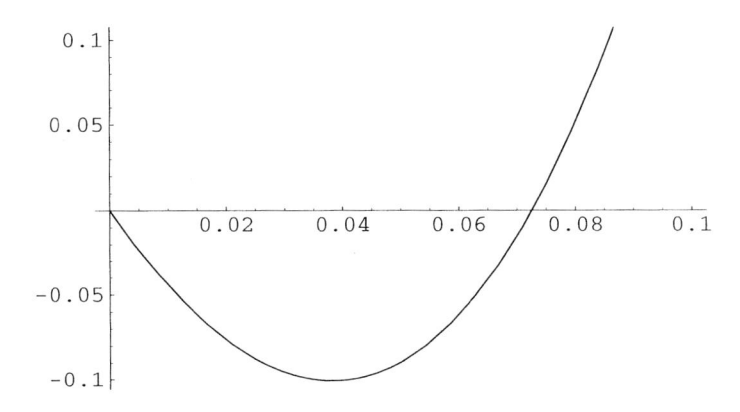

図 2.5: 利率の値を見るためのグラフ

financial calculator では次のように入力すればよい．

1500000 [FV]
10 [n]
100000 [+/-] [PMT]
[BGN]
[COMP] [i%]

と入力すると次のような出力が得られる．

7.256740212

2.3　アニュイティの現在価値

10 年間にわたり毎年 100000 円を必要としており，口座から定期的に引き出すには，はじめにどのくらいの金額が入金してあればよいかを求める．この場合，毎年はじめに引き出すのか，毎年終わりに引き出すのかで 2 通りの計算方法がある．前者を **即時アニュイティ**(immediate annuity) といい，後者を **通常アニュイティ**(ordinary annuity) という．さらに，永久に受け取れる場合を **永久アニュイティ**(perpetual annuity) という．

2.3.1 通常アニュイティ(複利法)による現在価値

ここではまず通常アニュイティの場合の計算方法を紹介する．年利率は6%とし，毎年終わりに100000円を引き出す．このような毎期のキャッシュフローを PMT (payment) で表す．

はじめに引き出す100000円の現在価値を求める．すなわち，今年の終わりに100000円になる金額について，現在いくらあればよいかを求めると次のようになる．

$$\frac{100000}{1+0.06} = 94340 \tag{2.66}$$

2年目の終わりに引き出す $PMT = 100000$ 円の現在価値を求める．すなわち，2年後の終わりに100000円になる金額について，現在いくらあればよいかを求めると次のようになる．

$$\frac{100000}{(1+0.06)^2} = 89000 \tag{2.67}$$

以下同様にして，将来受け取る金額の現在価値は次のようになる．

$$\frac{100000}{(1+0.06)^3} = 83962 \tag{2.68}$$

$$\frac{100000}{(1+0.06)^4} = 79209 \tag{2.69}$$

$$\frac{100000}{(1+0.06)^5} = 74726 \tag{2.70}$$

$$\frac{100000}{(1+0.06)^6} = 70496 \tag{2.71}$$

$$\frac{100000}{(1+0.06)^7} = 66506 \tag{2.72}$$

$$\frac{100000}{(1+0.06)^8} = 62741 \tag{2.73}$$

$$\frac{100000}{(1+0.06)^9} = 59190 \tag{2.74}$$

$$\frac{100000}{(1+0.06)^{10}} = 55840 \tag{2.75}$$

2.3 アニュイティの現在価値

これらの合計が，10年間毎年の終わりに100000円受け取る将来価値に対する現在価値である．

$$94340 + 89000 + 83962 + 79209 + 74726 + 70496 + 66506$$
$$+ 62741 + 59190 + 55839 = 736009 \quad (2.76)$$

このときの和は次のように等比数列の和であるから，和の公式から計算できる．

$$\frac{100000}{1+0.06} + \frac{100000}{(1+0.06)^2} + \frac{100000}{(1+0.06)^3} + \cdots + \frac{100000}{(1+0.06)^{10}}$$
$$= \frac{\frac{100000}{1+0.06} \times \left(1 - \frac{1}{(1+0.06)^{10}}\right)}{1 - \frac{1}{1+0.06}} = 100000 \times \frac{1 - \frac{1}{(1+0.06)^{10}}}{0.06} \quad (2.77)$$

使った等比数列の和の公式は次の式である．

$$a R + a R^2 + a R^3 + a R^4 + \cdots + a R^n = \frac{a R(1 - R^n)}{1 - R} \quad (2.78)$$

一般に，毎年末の受け取り額を PMT とし，年利率 r，期間 n の通常アニュイティの現在価値 PV は次のように計算できる．

$$PV = \frac{PMT}{1+r} + \frac{PMT}{(1+r)^2} + \frac{PMT}{(1+r)^3} + \cdots + \frac{PMT}{(1+r)^n}$$
$$= \frac{\frac{PMT}{1+r}\left\{1 - \left(\frac{1}{1+r}\right)^n\right\}}{1 - \frac{1}{1+r}} = PMT \frac{1 - \frac{1}{(1+r)^n}}{r} \quad (2.79)$$

$PMT = 100000$, $r = 0.06$, $n = 10$ としたのが式 (2.77) である．
$\frac{1}{(1+r)^n} = (1+r)^{-n}$ と分数を負の指数で表してもよい．上の結果を次のようにまとめておく．

> 毎期末 PMT を受け取る通常アニュイティの現在価値
>
> $$PV = PMT \frac{1-(1+r)^{-n}}{r} \tag{2.80}$$
>
> $$現在価値 = 毎期末の受け取り額 \times \frac{1-(1+利率)^{-期間}}{利率} \tag{2.81}$$

$PMT = 100000$, $n = 10$, $r = 0.06$ から PV を求める計算を, financial calculator では次のように入力して結果が得られる.

100000 `PMT`
6 `i%`
10 `n`
`COMP` `PV`

と入力すると次のような出力が得られる.

-736008.7051

736009 円をはじめに入金しておけば, 毎年末に 100000 円が 10 年間にわたって受け取れることを意味している.

a. PV, r, PMT から n を求める

はじめに 1000000 円を払い込む. 年利率 5% で運用するとき, 毎年 100000 円を受け取るとすると, 何年間にわたって受け取れるかを計算する.

n について解く.

$$1 - \frac{1}{(1+r)^n} = \frac{PV\,r}{PMT} \tag{2.82}$$

$$(1+r)^n = \frac{PMT}{PMT - PV\,r} \tag{2.83}$$

$$n = \log_{(1+r)} \frac{PMT}{PMT - PV\,r} \tag{2.84}$$

$$= \frac{\log_e PMT - \log_e(PMT - PV\,r)}{\log_e(1+r)} \tag{2.85}$$

2.3 アニュイティの現在価値

$PV = 1000000, r = 0.05, PMT = 100000$ を代入すると次のようになる.

$$n = \frac{\log_e 100000 - \log_e(100000 - 1000000 \times 0.05)}{\log_e(1 + 0.05)} = 14.2067 \quad (2.86)$$

14 年間にわたって毎年 100000 円が手に入ることを意味する.

b. PV, PMT, n から r を求める

r について整頓すると次の方程式が得られる.

$$PV(1+r)^n r - PMT(1+r)^n + PMT = 0 \quad (2.87)$$

この方程式は一般には解けないが, PV, PMT, n に具体的な数値を代入したときは数値解が求められる. 実際の数値解はコンピュータの数学ソフトなどにより計算できる.

はじめに 1000000 円を入金し, 毎年 100000 円を 15 年間にわたり引き出すためには, 利率いくらの運用をすればよいかを求めてみよう.

$PV = 1000000, PMT = 100000, n = 15$ として数値解を求めると, $r = 0.055565$ が得られる.

financial calculator では次のように入力する.

1000000 [+-] [PV]
100000 [PMT]
15 [n]
[COMP] [i%]

と入力すると次のような出力が得られる.

5.556497469

2.3.2 即時アニュイティ(複利法)による現在価値

毎年のはじめに $PMT = 100000$ 円を受け取る即時アニュイティにより，10 年間にわたって受け取るとしたとき，現在価値を求める．年利率が 6% のとき，次のような計算式になる．

$$100000 + \frac{100000}{1+0.06} + \frac{100000}{(1+0.06)^2} + \cdots + \frac{100000}{(1+0.06)^9} = 780169 \quad (2.88)$$

この式と通常アニュイティの式を比較すると，通常アニュイティの式は即時アニュイティの式に $(1+0.06)$ を掛けただけであることがわかる．

この関係は一般に成り立つので次のようにまとめられる．

毎期首 PMT を受け取る即時アニュイティの現在価値

$$PV = PMT \times \frac{(1+r)\{1-(1+r)^{-n}\}}{r} \quad (2.89)$$

$$\text{現在価値} = \text{毎期の額} \times \frac{(1+\text{利率})\{1-(1+\text{利率})^{-\text{期間}}\}}{\text{利率}} \quad (2.90)$$

$PMT = 100000, r = 0.06, n = 10$ として今の例で計算すると次のようになる．

$$PV = 100000 \times \frac{(1+0.06) \times \{1-(1+0.06)^{-10}\}}{0.06} = 780169 \quad (2.91)$$

financial calculator では次のように入力して結果が得られる．

100000 [PMT]
6 [i%]
10 [n]
[BGN]
[COMP] [PV]

と入力すると次のような出力が得られる．

-780169.2274

2.3.3 永久アニュイティ

毎年 80 万円が永久に受け取れるアニュイティ, すなわち年金型の投資がある. 永久に受け取れると聞くとずいぶん得をするのではないかと思う人がいるだろう. これを永久アニュイティというが, この価値をどのように算出したらよいだろうか. 永久年金には満期がないことから将来価値は計算できない. そこで現在価値を計算してみるしかない. 永久に受け取れるのだから現在価値も無限に大きいのではないかと思う人がいるかもしれない. しかし無限にはならずに一定の値に近づいていく.

毎年の終わりに 80 万円を n 年間受け取る年金の現在価値は, 次の式で表せた. ただし年利率を 8% とする.

$$PV_n = 毎年の受け取り額 \times \frac{1-(1+利率)^{-期間}}{利率} \tag{2.92}$$

$$= 800000 \times \frac{1-(1+0.08)^{-n}}{0.08} \tag{2.93}$$

データを毎年とり, 100 年までの期間の受け取り年金の現在価値をグラフに表すと次のようになる. 年数が増えるにしたがって, 増える現在価値は小さくなってくるのがわかる.

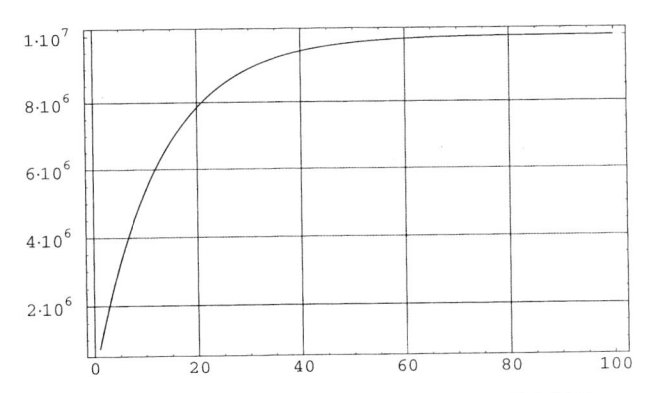

図 2.6: 期間の違いによるアニュイティの現在価値

$n=5$ から $n=55$ までの PV_n の値を求めると次のようになる.

表 2.1: アニュイティの現在価値

期間 (年)	現在価値
5	3194168
10	5368065
15	6847583
20	7854518
25	8539821
30	9006227
35	9323655
40	9539691
45	9686721
50	9786788
55	9854891

1000万円に近くなっていく.この事実は,式の上では1.08分の1を何乗かしていくと次第に0になっていくことを用いて,そのときPVは80万円を年利率で割った値に近づくことから導ける.

$$\lim_{n\to\infty}\{1-(1+0.08)^{-n}\}=1 \tag{2.94}$$

$$PV_\infty = \lim_{n\to\infty} PV_n = \frac{800000}{0.08} = 10000000 \tag{2.95}$$

永久年金の現在価値を求める式はいたって簡単で,毎年末に受け取る金額を年利率で割るだけである.

$$PV_\infty = \frac{A}{r} = \frac{毎年末受け取る年金額}{年利率} \tag{2.96}$$

この結果はごく自然に理解できる.この式を分母を払えば,現在価値に年利率を掛けた値が毎年受け取る年金の額であるという式になる.

1000万円を預金しておくと年利率8%ならば,その年の終わりに利息の80万円が受け取れる.すると,元金の1000万円はそのまま残る.したがって,2年目の終わりにも80万円が受け取れる.この繰返しであるから,永久に毎年80万円が受け取れるのである.

演習問題 2

[1] 5 万円を毎年のはじめに預金口座に入金する．途中で引き出さないとして次の場合の将来価値を求めよ．
  (1) 年利率 3% の単利法で運用した場合の 8 年後の将来価値
  (2) 年利率 3% の複利法で運用した場合の 8 年後の将来価値
  (3) 年利率 5% の単利法で運用した場合の 10 年後の将来価値
  (4) 年利率 5% の複利法で運用した場合の 10 年後の将来価値
  (5) 年利率 6% の単利法で運用した場合の 4 年後の将来価値
  (6) 年利率 6% の複利法で運用した場合の 4 年後の将来価値

[2] 12 年後に 100 万円を得るために毎年はじめにいくら入金すればよいか．ただし，年利率 3% の複利で運用する．

[3] 15 年後に 150 万円を得るために毎年はじめにいくら入金すればよいか．ただし，年利率 4% の複利で運用する．

[4] 8 年後に 200 万円を得るために毎年はじめにいくら入金すればよいか．ただし，年利率 5% の複利で運用する．

[5] 12 年後に 100 万円を得るために毎年はじめに 6 万円を入金する．年利率をいくらで運用すればよいか．

[6] 8 年後に 120 万円を得るために毎年はじめに 8 万円を入金する．年利率をいくらで運用すればよいか．

[7] 12 年間にわたりその年の終わりに毎年 10 万円を引き出すためには，はじめにいくら入金してあればよいか．ただし，年利率 4% で運用しているとする．

[8] 8 年間にわたりその年の終わりに毎年 7 万円を引き出すためには，はじめにいくら入金してあればよいか．ただし，年利率 5% で運用しているとする．

[9] 10年間にわたり期末に6万円を受け取る通常アニュイティの現在価値を求めよ．ただし，年利率を5%とする．

[10] はじめに200万円を払い込む．年利率4%で運用して，毎年の終わりに15万円受け取るとする．何年間にわたって受け取れるか．

[11] はじめに300万円を払い込む．10年間にわたって毎年の終わりに40万円受け取るとする．年利率いくらで運用すればよいか．

[12] 8年間にわたりその年のはじめに毎年7万円を引き出すためには，はじめにいくら入金してあればよいか．ただし，年利率5%で運用しているとする．

[13] 10年間にわり期首に6万円を受け取る通常アニュイティの現在価値を求めよ．ただし，年利率を5%とする．

[14] はじめに200万円を払い込む．年利率4%で運用して，毎年のはじめに15万円受け取るとする．何年間にわたって受け取れるか．

[15] はじめに300万円を払い込む．10年間にわたって毎年のはじめに40万円受け取るとする．年利率いくらで運用すればよいか．

3. 複利計算の応用

3.1 ローンの償却

3.1.1 元利均等返済の住宅ローン

1000万円を10年の期限で借り，毎年年末に同じ額を返済するとして，毎年いくら返済すればよいかが課題である．年利率を4%として計算の方法を考えよう．

第1の考え方は，毎年末に返済する額 PMT の現在価値を計算し，その合計がちょうど1000万円になる額を求める方法である．

1年目の末に返済する PMT の現在価値は次のようになる．

$$\frac{PMT}{1+0.04} \tag{3.1}$$

2年目の末に返済する PMT の現在価値は次のように表せる．

$$\frac{PMT}{(1+0.04)^2} \tag{3.2}$$

以下同様にして，各年末に返済する額の現在価値を表して，それらを合計する．その合計額が1000万円になるように PMT を求めればよい．

$$\frac{PMT}{(1+0.04)^1} + \frac{PMT}{(1+0.04)^2} + \cdots + \frac{PMT}{(1+0.04)^{10}} = 10000000 \tag{3.3}$$

$$\frac{PMT}{1+0.04} \times \frac{1 - \dfrac{1}{(1+0.04)^{10}}}{1 - \dfrac{1}{1+0.04}} = 10000000 \tag{3.4}$$

$$PMT = 10000000 \times (1+0.04) \times \frac{1 - \dfrac{1}{1+0.04}}{1 - \dfrac{1}{(1+0.04)^{10}}} \qquad (3.5)$$

$$= 1232909 \qquad (3.6)$$

一般にはローンの金額 A に対する,利率 r, 期間 n 年の場合,毎年末の返済額 PMT は次のように求められる. 各年の PMT に対する現在価値を求めてそれらの和を表し,その式を PMT について解く.

$$\frac{PMT}{1+r} + \frac{PMT}{(1+r)^2} + \frac{PMT}{(1+r)^3} + \cdots + \frac{PMT}{(1+r)^n} = A \qquad (3.7)$$

$$\frac{PMT}{1+r} \times \frac{1 - \dfrac{1}{(1+r)^n}}{1 - \dfrac{1}{1+r}} = A \qquad (3.8)$$

$$\frac{PMT}{1+r} \times \frac{(1+r)^n - 1}{(1+r)^{n-1}(1+r-1)} = A \qquad (3.9)$$

$$PMT = \frac{A\,r\,(1+r)^n}{(1+r)^n - 1} \qquad (3.10)$$

毎年の返済額 PMT を求めるもう一つの考え方がある. それは毎年の終わりに PMT に対する将来価値を計算し,それらの総和を求める. 総和が,現在価値 A の期間 n 後における将来価値に等しいとした式を作り,それを PMT について解く方法である. この考えは,毎年の末に PMT をほかの銀行などに入金しておき,n 期の末に一括して返済すると考えてもよい.

$$PMT + PMT(1+r) + \cdots + PMT(1+r)^{n-1} = A(1+r)^n \qquad (3.11)$$

$$PMT \times \frac{(1+r)^n - 1}{(1+r) - 1} = A(1+r)^n \qquad (3.12)$$

$$PMT \times \frac{(1+r)^n - 1}{r} = A(1+r)^n \qquad (3.13)$$

3.1　ローンの償却

$$PMT = \frac{Ar(1+r)^n}{(1+r)^n - 1} \tag{3.14}$$

どちらの計算方法でも結果は同じで，次のようにまとめられる．

均等返済による毎期末の返済額

$$PMT = \frac{Ar(1+r)^n}{(1+r)^n - 1} = \frac{Ar}{1 - \left(\dfrac{1}{1+r}\right)^n} \tag{3.15}$$

$$毎期末の返済額 = \frac{借り入れ額 \times 利率 \times (1+利率)^{期間}}{(1+利率)^{期間} - 1} \tag{3.16}$$

$$= \frac{借り入れ額 \times 利率}{1 - \left(\dfrac{1}{1+利率}\right)^{期間}} \tag{3.17}$$

例 3.1. 10000000 円を年利率 6% で借り入れ，20 年間毎月均等に返済する場合の毎月の支払い額 PMT を求める．

$A = 10000000$, $r = \dfrac{0.06}{12} = 0.005$, $n = 20 \times 12 = 240$ として計算する．

$$PMT = \frac{10000000 \times 0.005 \times (1+0.005)^{240}}{(1+0.005)^{240} - 1} = 71643 \tag{3.18}$$

financial calculator では次のように入力して結果が得られる．

10000000 [PV]
6 [SHIFT] [i %]
20 [SHIFT] [n]
[COMP] [PMT]

と入力すると次のような出力が得られる．

-71643.10585

毎月の支払い額が 71643 円であることを表している．

3.1.2 返済の内訳

ここで，例3.1について毎期の支払い額の内訳として，元金返済部分と利息部分を計算してみる．はじめの支払い額の中での利息部分は次のように求められる．

$$10000000 \times \frac{0.06}{12} = 50000 \tag{3.19}$$

したがって元金の返済部分は次のように求められる．

$$PMT - 50000 = 71643 - 50000 = 21643 \tag{3.20}$$

1ヶ月後の元金は次のようになっている．

$$10000000 - 21643 = 9978357 \tag{3.21}$$

同様の計算を繰り返せばよいのであるが，一般法則を見つける方がわかりやすい．

PMT を簡単のために a とおく．x_n として n 期末の元金の残額とすると次の式が成り立つ．

$$x_n = x_{n-1} - (a - r x_{n-1}) = (1+r) x_{n-1} - a \tag{3.22}$$

$x_0 = A$ をローンの額とする．この漸化式から一般項 x_n を求める．そのために次のような式をみたす α を求める．

$$\alpha = (1+r)\alpha - a = \alpha + r\alpha - a \tag{3.23}$$

$$\alpha = \frac{a}{r} \tag{3.24}$$

この α を使うと，次のように $\{x_n - \frac{a}{r}\}$ が等比数列になる．

$$b_n = x_n - \frac{a}{r} = (1+r) x_{n-1} - a - \frac{a}{r} \tag{3.25}$$

$$= (1+r)\left(x_{n-1} - \frac{a}{r}\right) = (1+r)b_{n-1} \tag{3.26}$$

3.1 ローンの償却

一般に,数列 a_n の漸化式が $a_n = p a_{n-1} + q$ となっているときは,次の式 $\alpha = p\alpha + q$ をみたす α を用いると,$\{a_n - \alpha\}$ が等比数列となる.

b_n が公比 $(1+r)$ の等比数列であるから次のように表せる.

$$b_n = (1+r)^n b_0 = (1+r)^n \left(A - \frac{a}{r}\right) \tag{3.27}$$

$$x_n - \frac{a}{r} = (1+r)^n \left(A - \frac{a}{r}\right) \tag{3.28}$$

$$x_n = \frac{a}{r} + (1+r)^n \left(A - \frac{a}{r}\right) \tag{3.29}$$

$$= \frac{a}{r}\left\{1 - (1+r)^n\right\} + A(1+r)^n \tag{3.30}$$

n 期末の残高 x_n に対して,n 期末の支払い額の中での利息返済額を y_n,元金返済額を z_n とすると,次の関係がある.

$$y_n = x_{n-1} \times r \tag{3.31}$$

$$z_n = a - y_n = PMT - y_n \tag{3.32}$$

x_n を a, r, n で表した式を代入すると次のようになる.

$$y_n = a\left\{1 - (1+r)^{n-1}\right\} + A r (1+r)^{n-1} \tag{3.33}$$

$$= a - a(1+r)^{n-1} + A r (1+r)^{n-1} \tag{3.34}$$

$$z_n = a(1+r)^{n-1} - A r (1+r)^{n-1} \tag{3.35}$$

$$= (a - Ar)(1+r)^{n-1} \tag{3.36}$$

n 期の利息部分は,$n-1$ 期の残高に対する利息であることと,n 期の支払い額の中の元金返済部分は,支払い額から利息部分を除いた額であることを用いている.

以上の結果をまとめておく.ローンの額を A とし,毎月の支払い額を $PMT = a$ とし,年利率を月に直した利率を r とし,期間を n ヶ月とする.このとき,n ヶ月後の支払いの後の残高 $x_n = BAR$,n ヶ月後の支払い額のうちの利息返済部分 $y_n = INT$,元金返済部分 $z_n = PRN$ は次のようになる.

> **ローンの返済内訳**
>
> $$x_n = BAR = \frac{a}{r}\{1-(1+r)^n\} + A(1+r)^n \tag{3.37}$$
> $$y_n = INT = a\{1-(1+r)^{n-1}\} + Ar(1+r)^{n-1} \tag{3.38}$$
> $$z_n = PRN = (a - Ar)(1+r)^{n-1} \tag{3.39}$$
>
> 元金残高 $= BAR$
> $$= \frac{\text{毎月支払い額}}{\text{利率 (月)}} \times \{1-(1+\text{利率 (月)})^{\text{期間 (月)}}\}$$
> $$+ \text{借り入れ額} \times (1+\text{利率 (月)})^{\text{期間 (月)}} \tag{3.40}$$
>
> 返済額の利息部分 $= INT$
> $$= \text{毎月支払い額} \times \{1-(1+\text{利率 (月)})^{\text{期間 (月)}-1}\}$$
> $$+ \text{借り入れ額} \times \text{利率 (月)} \times (1+\text{利率 (月)})^{\text{期間 (月)}-1} \tag{3.41}$$
>
> 返済額の元金部分 $= PRN$
> $$= (\text{毎月支払い額} - \text{借り入れ額} \times \text{利率 (月)})$$
> $$\times (1+\text{利率 (月)})^{\text{期間 (月)}-1} \tag{3.42}$$

10000000 円を年利率 6%，月に直して 0.5% の複利で 20 年間すなわち 240 回払いで借り入れた場合の，はじめの 1 年間分の，「元金の残高」，「返済のうちの利息部分」，「返済のうちの元金部分」を計算する．

はじめに毎月の支払い額 $a = PMT$ を求めておく．$A = 10000000, r = 0.005, n = 240$ を代入して計算する．計算は普通の電卓でもよいがめんどうである．financial calculator でも一度に全部のデータを表示することはできない．

表計算ソフトや数学ソフトを使えば容易にすべての結果が得られる．

3.1 ローンの償却

表 3.1: 元金残高と返済額の内訳

月	元金残高	利息部分	元金部分
1	9978357	50000	21643
2	9956606	49892	21751
3	9934746	49783	21860
4	9912776	49674	21969
5	9890697	49564	22079
6	9868507	49453	22190
7	9846207	49343	22301
8	9823795	49231	22412
9	9801271	49119	22524
10	9778634	49006	22637
11	9755884	48893	22750
12	9733020	48779	22864
⋮	⋮	⋮	⋮
228	832416	4498	67145
229	764935	4162	67481
230	697117	3825	67818
231	628959	3486	68158
232	560461	3145	68498
233	491620	2802	68841
234	422435	2458	69185
235	352904	2112	69531
236	283026	1765	69879
237	212798	1415	70228
238	142219	1064	70579
239	71287	711	70932
240	0	356	71287

元金残高の変化をグラフに表すと次のようになる.

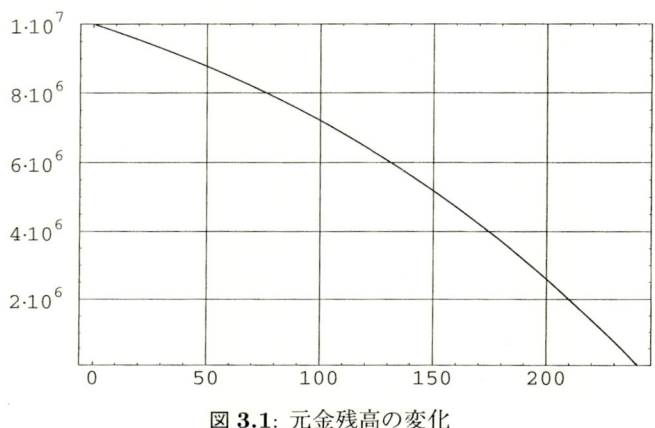

図 **3.1**: 元金残高の変化

毎月の返済額のうち，利息部分の変化と元金分の変化を同時に表すと次のようになる．

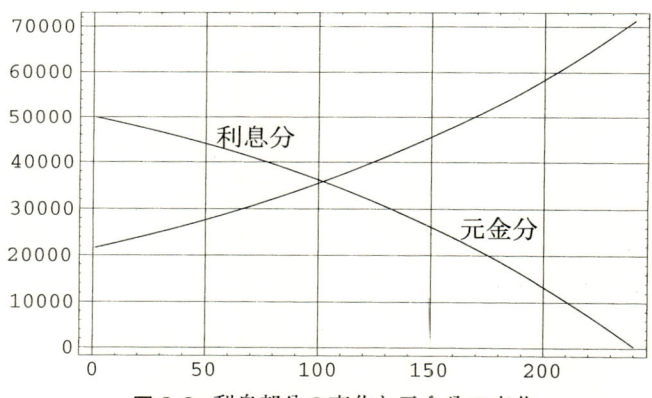

図 **3.2**: 利息部分の変化と元金分の変化

はじめは返済額のかなりの部分は利息部分が占めていることがわかる．100回目ぐらいから元金部分の方が多くなっていく．

3.1 ローンの償却

毎月の返済金額の内訳を,下に利息部分,その上に元金返済部分を載せたグラフを描くと次のようになる.

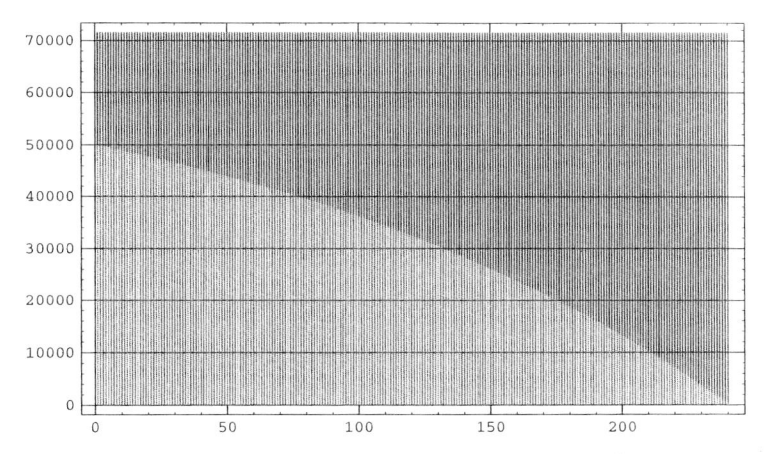

図 **3.3**: 利息部分の変化と元金分の変化の関係

年利率を 4% とすると次のようになり,利息部分の割合がかなり減ることがわかる.

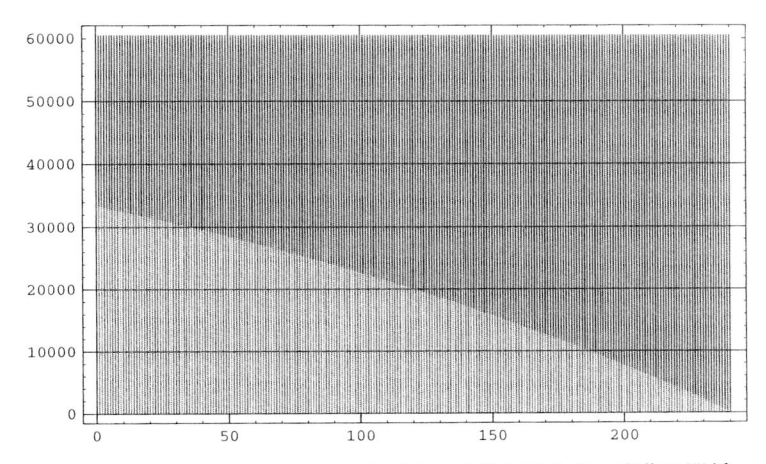

図 **3.4**: 年利率 4% の場合の利息部分の変化と元金分の変化の関係

3.1.3 支払い利息と元金の合計額の推移

今度は 1 回から n 回までの利息の支払い総額を求める. y_n を次のように変形しておくと, $\sum_{k=1}^{n} y_k$ が求めやすい.

$$y_n = a + (Ar - a)(1+r)^{n-1} \tag{3.43}$$

$$\sum_{k=1}^{n} y_k = \sum_{k=1}^{n} \{a + (Ar - a)(1+r)^{k-1}\} \tag{3.44}$$

$$= an + (Ar - a) \times \frac{1 - (1+r)^n}{1 - (1+r)} \tag{3.45}$$

$$= an + \left(A - \frac{a}{r}\right)\{(1+r)^n - 1\} \tag{3.46}$$

ここで, 2 項目は等比数列の和の公式を用いている. 今度は 1 回から n 回までの元金の支払い総額を求める. $\sum_{k=1}^{n} z_k$ は次のように求められる.

$$\sum_{k=1}^{n} z_k = \sum_{k=1}^{n} (a - Ar)(1+r)^{k-1} \tag{3.47}$$

$$= (a - Ar) \times \frac{(1+r)^n - 1}{(1+r) - 1} \tag{3.48}$$

$$= \left(\frac{a}{r} - A\right)\{(1+r)^n - 1\} \tag{3.49}$$

ここでも等比数列の和の公式を適用している. 初項 $(a - Ar)$, 公比 $(1+r)$ の等比数列の 1 項から n 項までの和である.

---

n 回までの支払い利息の総額と支払元金の総額

$$\sum_{k=1}^{n} y_k = an + \left(A - \frac{a}{r}\right)\{(1+r)^n - 1\} \tag{3.50}$$

$$\sum_{k=1}^{n} z_k = \left(\frac{a}{r} - A\right)\{(1+r)^n - 1\} \tag{3.51}$$

3.1 ローンの償却

10000000 円を年利率 6% の月の複利で 20 年間借りた場合の，それまでの返済額のうち利息の合計額と，支払い元金の合計額の推移を求める．

表 3.2: 返済利息の合計と返済元金の合計の推移

月	支払利息の合計	支払い元金の合計
1	50000	21643
2	99892	43394
3	149675	65255
4	199349	87224
5	248912	109303
6	298366	131493
7	347708	153793
8	396939	176205
9	446058	198730
10	495065	221366
11	543958	244116
12	592737	266980
⋮	⋮	⋮
228	7167045	9167584
229	7171207	9235065
230	7175031	9302883
231	7178517	9371041
232	7181662	9439539
233	7184464	9508380
234	7186922	9577565
235	7189034	9647096
236	7190799	9716974
237	7192214	9787202
238	7193278	9857781
239	7193989	9928713
240	7194345	10000000

n 回までの利息の支払い額の合計の推移をグラフで表す.

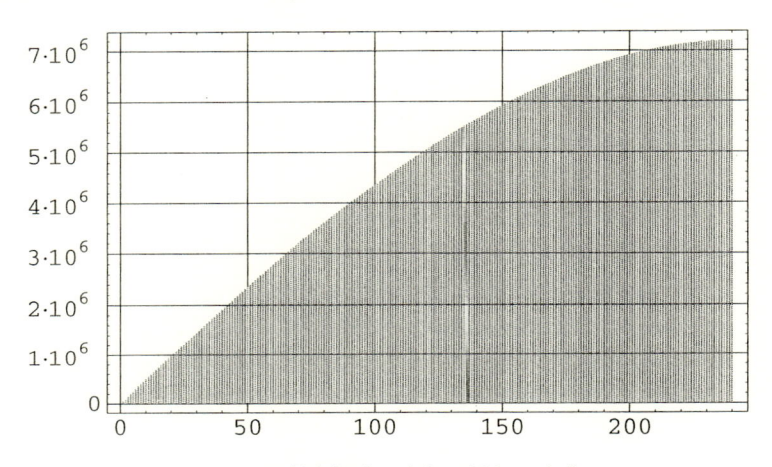

図 **3.5**: 利息部分の支払い総額の変化

n 回までの元金の支払い額の合計の推移をグラフで表す.

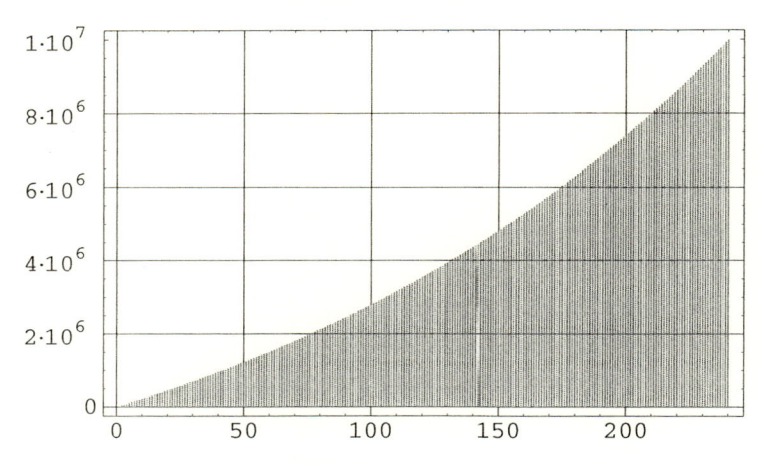

図 **3.6**: 元金の支払い総額の変化

3.1.4 返済内訳の financial calculator による計算

10000000 円を借り入れ，年利率 6% (月利 0.5%) で 20 年 (240 回) で返済する．

毎月の支払い額，支払い額の利息部分と元金部分，それまでの利息の支払い額の合計，それまでの元金部分の返済額の合計を次のように求める．

表 3.3: financial calculator による計算

目的	操作	表示部の結果
借り入れ金の入力	10000000 [PV]	*10000000*
期間の入力	20 [SHIFT] [n]	*240*
利率の入力	6 [SHIFT] [i%]	*0.5*
支払い額を求める	[COMP] [PMT]	*−71643.10585*
12ヶ月後の返済額の元金部分	12 [AMRT]	*−22863.68682*
12ヶ月後の返済額の利息部分	[AMRT]	*−48779.41902*
12ヶ月後の元金残高	[AMRT]	*9733020.118*
12ヶ月後までの返済元金の合計	12 [ACC]	*−266979.8821*
12ヶ月後までの支払利息の合計	[ACC]	*−592737.388*
100ヶ月後の返済額の元金部分	100 [AMRT]	*−35461.71191*
100ヶ月後の返済額の利息部分	[AMRT]	*−36181.39393*
100ヶ月後の元金残高	[AMRT]	*7200817.075*
100ヶ月後までの返済元金の合計	100 [ACC]	*−2799182.925*
100ヶ月後までの支払利息の合計	[ACC]	*−4365127.66*
230ヶ月後の返済額の元金部分	230 [AMRT]	*−67818.42908*
230ヶ月後の返済額の利息部分	[AMRT]	*−3824.676771*
230ヶ月後の元金残高	[AMRT]	*697116.9251*
230ヶ月後までの返済元金の合計	230 [ACC]	*−9302883.073*
230ヶ月後までの支払利息の合計	[ACC]	*−7175031.27*

3.2 複利期間の細分化

3.2.1 年利率と月利率

年利率 12% で 1000000 円を借り入れたとき，3 年後に返済する金額を計算する．ただし，利息の計算を毎月の複利で計算する場合を考える．

毎年の複利計算をする場合，3 年後の元利合計は次のように計算される．

$$1000000 \times (1+0.12)^3 = 1404928 \tag{3.52}$$

毎月の複利計算という場合は，月に 12% の 12 分の 1 である 1% の利息がつき，それが元金に加算されていく．3 年後すなわち 36 ヶ月後の元利合計は次のようになる．

$$1000000 \times (1+0.01)^{36} = 1430769 \tag{3.53}$$

毎月の複利にしたための増加額は，$1430769 - 1404928 = 25841$ 円となる．この 2 つの場合の元利合計の変化の違いを見るためにグラフに描いてみる．

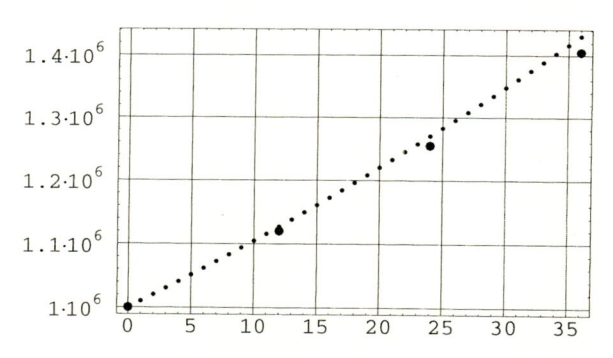

図 3.7: 月利と年利の違いによる元利合計の違い

大きい点の値が年に 1 回の複利の場合であり，小さい点の方が毎月の複利計算による元利合計の推移である．

一般に，年利率 r，元金 A を n 年間複利で運用し，複利に組み入れる回数を年に m 回行う場合の元利合計は次の式で表せる．

$$A \times \left(1 + \frac{r}{m}\right)^{mn} \tag{3.54}$$

3.2.2 実効年利率

1000000円を年利率が12%で借りても,毎月の複利で計算すると,3年後の元利合計は1430769円となる.この元利合計を年に1回の複利で借りたとした場合の,実質的な年利率を求めてみる.実際的な年利率を **実効年利率** EFF(effective annual rate) という.

上の例で実効年利率は次の方程式を解いて得られる.

$$1000000 \times \left(1 + \frac{0.12}{12}\right)^{12 \times 3} = 1000000 \times (1 + EFF)^3 \tag{3.55}$$

$$\left(1 + \frac{0.12}{12}\right)^{12} = 1 + EFF \tag{3.56}$$

$$EFF = \left(1 + \frac{0.12}{12}\right)^{12} - 1 = 0.126825 \tag{3.57}$$

もともとの年利率は12%であったが,毎月の複利計算をするために,実質的には12.68%の複利になっていることがわかる.

一般に元金 A を年利率 r で,年に m 回の複利計算を行う場合,実効年利率 EFF は次のように求められる.

$$A \times \left(1 + \frac{r}{m}\right)^{mn} = A \times (1 + EFF)^n \tag{3.58}$$

$$\left(1 + \frac{r}{m}\right)^m = 1 + EFF \tag{3.59}$$

$$EFF = \left(1 + \frac{r}{m}\right)^m - 1 \tag{3.60}$$

年利率 $r = 0.1(10\%)$ の場合,年1回,毎月,毎週,毎日 複利計算する場合の実効年利率の違いを表に示しておく.

表 **3.4**: 実効年利率

複利の回数	1(年回)	12(毎月)	52(毎週)	365(毎日)
実効年利率	10.000%	10.4713%	10.5065%	10.5156%

3.3 連続複利と指数関数

3.3.1 連続複利と自然対数の底 e

1万円を年利率 1 すなわち 100% で運用する場合を考える．半年ごとの複利計算では 1 年後の元利合計は次のようになる．単位を万円とする．

$$1 \times \left(1 + \frac{1}{2}\right)^2 = 2.25 \tag{3.61}$$

今度は毎月ごとの複利計算をすると次のようになる．

$$1 \times \left(1 + \frac{1}{12}\right)^{12} = 2.61304 \tag{3.62}$$

今度は毎週ごとの複利計算をしてみる．

$$1 \times \left(1 + \frac{1}{52}\right)^{52} = 2.6926 \tag{3.63}$$

今度は毎日ごとの複利計算をしてみる．

$$1 \times \left(1 + \frac{1}{365}\right)^{365} = 2.71457 \tag{3.64}$$

次第に元利合計は増えてくるが，いくらでも大きくなるわけではない．

表 3.5: 複利組み込みの回数と元利合計

複利の回数	元利合計
10	2.59374
100	2.70481
1000	2.71692
10000	2.71815
100000	2.71827
1000000	2.71828
10000000	2.71828
31536000	2.71828

3.3 連続複利と指数関数

10, 100, 1000, 10000, 100000, 1000000, 10000000 回, さらに毎秒, つまり年に 31536000 回, と回数を増やしていったときの元利合計を計算して表にまとめたのが表 3.5 である.

最後の方は見掛け上変化がないように見える. これは有効数字を 6 桁で表示しているためで, 実際にはわずかではあるが増加している.

この変化をもう少し細かくとり, 横軸に 10^n の n をとり, 縦軸に元利合計をとってグラフに表したのが図 3.8 である. 破線は 2.71828 である.

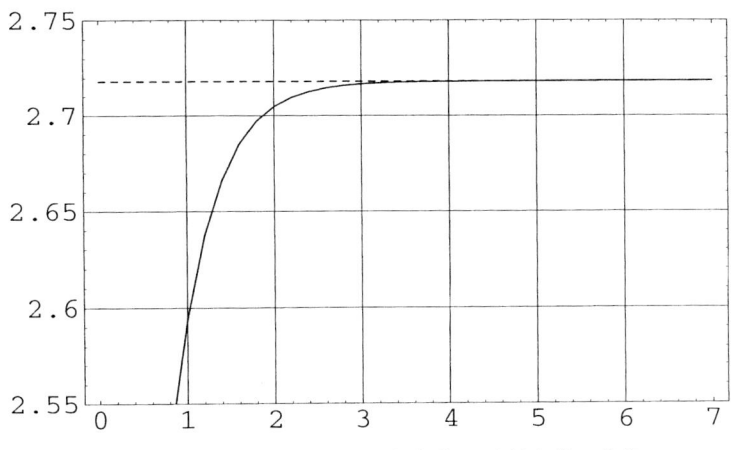

図 3.8: 複利の回数を増やしたときの元利合計の変化

このように, 回数を増やしていったとき近づいていく極限の値があり, それを **自然対数の底** あるいは **ネピアの数** といっている.

e は次の式で表せる.

$$e = \lim_{n \to \infty} \left(1 + \frac{1}{n}\right)^n \tag{3.65}$$

この数は円周率 π と並んで数学ではきわめて大事な定数である. この数学講座でも頻繁に登場する. たとえば, 確率論の中心的な分布である正規分布の密度関数は, 次のように e を用いて表現される.

$$f(x) = \frac{1}{\sqrt{2\pi}} e^{-\frac{x^2}{2}} \tag{3.66}$$

e の値を 500 桁まで紹介しておこう.

2.71828182845904523536028747135266249775724709369995749
66967627724076630353547594571382178525166427427466391932
00305992181741359662904357290033429526059563073813232866
27943490763233829880753195251019011573834187930702154089
14993488416750924476146066808226480016847741185374234544
24371075390777449920695517026183860626133138458300075204
49338265602976067371132007093287091274437470472306969772
09310141692836819025515108657463772111252389784425056953
696770785449969967946864454905987931636889230098793

この数 e は, π と同じく代数方程式の解としては得られないので, 超越数と呼ばれる. どの数字も同じ割合で現れそうであるが, 証明はされていない.

3.3.2 連続複利

1000000 円を年利率 8% で, 毎月, 毎週, 毎日 複利で利息を元金に組み入れた場合, 1 年後の元利合計がどうなるかを計算してみよう.

$$1000000 \times \left(1 + \frac{0.08}{12}\right)^{12} = 1082999.5 \tag{3.67}$$

$$1000000 \times \left(1 + \frac{0.08}{52}\right)^{52} = 1083220.5 \tag{3.68}$$

$$1000000 \times \left(1 + \frac{0.08}{365}\right)^{365} = 1083277.6 \tag{3.69}$$

複利の回数を増やしていったときの値を調べるために, 複利の回数を m とすると次のようになる.

$$1000000 \times \left(1 + \frac{0.08}{m}\right)^{m} \tag{3.70}$$

e との関係を調べるために, $n = \dfrac{m}{0.08}$ とおくと, $m = 0.08n$ となるから次

3.3 連続複利と指数関数

のように表せる．

$$1000000 \times \left(1 + \frac{1}{n}\right)^{0.08n} \tag{3.71}$$

$$1000000 \times \left\{\left(1 + \frac{1}{n}\right)^n\right\}^{0.08} \tag{3.72}$$

ここで $n \to \infty$ とすると，$\{\ \}$ の部分は e に近づいていくので，元利合計は次の値になっていく．

$$1000000 \times e^{0.08} = 1083287 \tag{3.73}$$

一般に，元金 A を年利率 r で連続複利計算をした場合，1 年後の元利合計は次の式で表せる．

$$A\,e^r \tag{3.74}$$

連続複利の場合の実効年利率は次のようになる．

$$EFF = e^r - 1 \tag{3.75}$$

年利率 $0.08(8\%)$ の場合，連続複利による実効年利率は次のように求められる．

$$EFF = e^{0.08} - 1 = 0.0832871 \tag{3.76}$$

また，元金 A を年利率 r で連続複利計算をした場合，n 年後の元利合計は次の式で表せる．

$$A\,e^{rn} \tag{3.77}$$

1000000 円を年利率 $0.24(24\%)$ で預金したとき，複利の回数を，年 1 回，年 4 回，年 12 回，連続的 とした場合の元利合計の変化を，5 年間にわたって調べてグラフに表す．下側にある増加率の小さいグラフから，1 回，4 回，12 回，連続的の場合である．

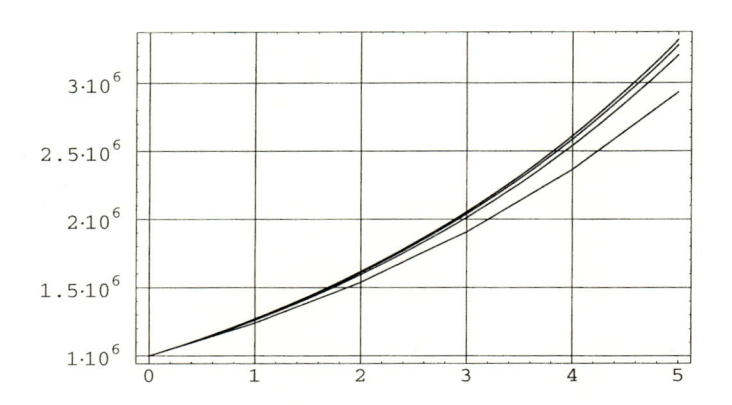

図 **3.9**: 連続複利への元利合計の変化

3.3.3　指数関数 e^{rx}

年利率 r の連続複利計算をする場合, x 年後の元利合計は元金の e^{rx} 倍になることがわかった. x は年を単位にしているが値は連続的にとってよい.

x が定まれば元利合計 e^{rx} が定まるこのような関数を **指数関数** という.

$r = 0.01$ (1%) から $r = 0.15$ (15%) まで変えて, 連続複利の指数関数 e^{rx} のグラフを示しておく.

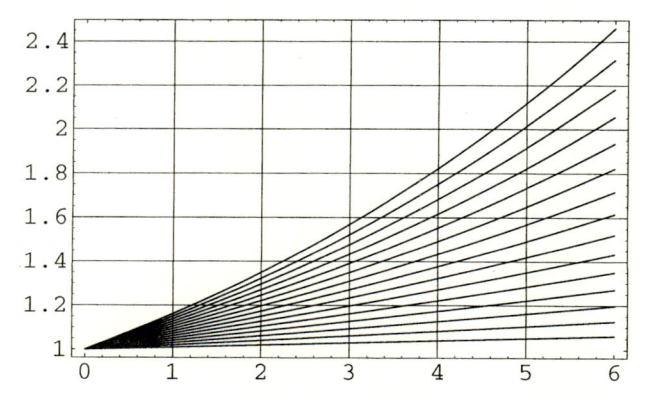

図 **3.10**: 利率の違いによる連続複利の指数関数

3.4 インフレ率と金利

3.4.1 インフレ率

ある一定量の砂糖を購入するのに，5年前は100円で買えたのに，今は105円出さなければ買えないとしよう．砂糖の生産量や生産様式に変化がなく砂糖の実質的な価値は変わらないとする．これを **実質価格** という．これに対して，同じ砂糖の一定量を購入するのに必要なお金を **名目価格** という．

砂糖だけでなく，いろいろな商品の価格が平均して5%値上がりしたとする．「平均して」といったが，実はこの平均はむずかしく，議論のあるところである．ここでは総理府が発表している消費者物価指数をもとにして議論する．

平均して100円のものが105円出さないと買えないということは，物価が上昇したのであるが，もう一つの見方としては，それだけお金すなわち円の価値が低くなったということになる．

消費者物価指数をもとにした値上がりの率を **インフレ率** と呼ぶ．上の例では，100円が105円になったので，インフレ率は0.05 (5%) である．

3.4.2 名目金利と実質金利

1年前に100円を年利率6%で預金したとすると，1年後の元利合計は次のようになる．

$$100 \times (1 + 0.06) = 106 \qquad (3.78)$$

1年前は砂糖 A g を購入するのに100円でよかったが，インフレ率が0.03 (3%) で，今は103円必要であるとする．元利合計106円で，現在砂糖は何g購入できるだろうか．

103 円で A g であるから，106 円では次の量になる．

$$\frac{106}{103}A = \frac{100 \times (1 + 0.06)}{100 \times (1 + 0.03)}A \tag{3.79}$$

$$= \frac{1 + 0.06}{1 + 0.03}A \tag{3.80}$$

購入量で評価して，何% 増しの購入量になっているかの率を，**実質金利** RIR(real interest rate) という．これに対して，通常の円に対する金利を **名目金利** という．

上の例で，実質金利は次のように方程式を解いて得られる．

$$\frac{100 \times (1 + 0.06)}{100 \times (1 + 0.03)}A = 100 \times (1 + RIR)A \tag{3.81}$$

$$\frac{1 + 0.06}{1 + 0.03} = 1 + RIR \tag{3.82}$$

$$RIR = \frac{1 + 0.06}{1 + 0.03} - 1 = 0.0291262 \tag{3.83}$$

一般に，実質金利は次のように求められる．

$$実質金利 = \frac{1 + 名目金利}{1 + インフレ率} - 1 \tag{3.84}$$

$$= \frac{名目金利 - インフレ率}{1 + インフレ率} \tag{3.85}$$

名目金利が 0.08 (8%) であるとき，インフレ率が 0 (0%) から 0.08 (8%) まで変化すると，実質金利がどのように変わるかを図3.11に表してみる．

破線は直線を示す．近似的に直線の変化と思ってもよい．

3.4.3 実質金利と将来価値

ある商品の量 A に対する価格が 1000000 円であったとする．1000000 円を年利率 0.09 (9%) で 10 年間 (年 1 回の複利) 投資したとする．10 年後の将来価値は次のようになる．

$$1000000 \times (1 + 0.09)^{10} = 2367364 \tag{3.86}$$

3.4 インフレ率と金利

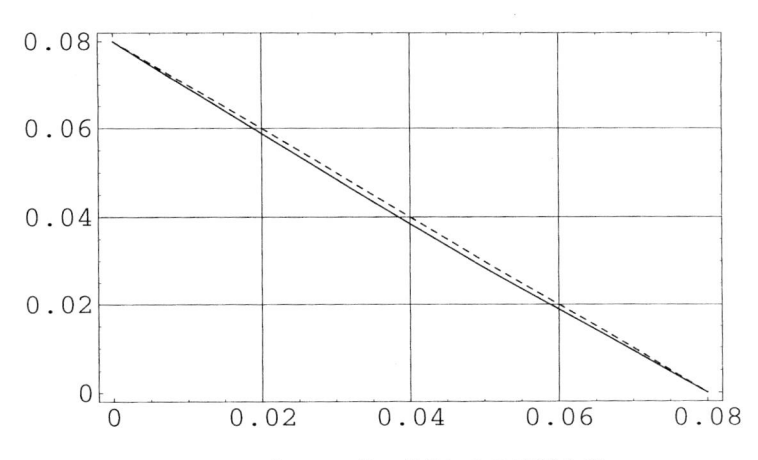

図 3.11: インフレ率の変化による実質金利

ただし，毎年のインフレ率が 0.02(2%) であるとする．実質的にある商品の量 A の何倍が買えるかを調べるには次のように実質金利を求めておく．

$$\text{実質金利}\ (RIR) = \frac{0.09 - 0.02}{1 + 0.02} = 0.0686275\ (6.86275\%) \tag{3.87}$$

この実質金利を用いた将来価値だけ A を購入できることになる．

$$A \times (1 + 0.0686275)^{10} = A \times 1.94206 \tag{3.88}$$

このように実質金利を用いた将来価値を **実質将来価値** という．実質将来価値を求めるには，10 年後の名目将来価値と物価水準を別々に計算して求めてもよい．それは次の式が成り立っているからである．

$$(1 + \text{実質金利})^{10} = \frac{(1 + \text{名目金利})^{10}}{(1 + \text{インフレ率})^{10}} \tag{3.89}$$

3.4.4 実質金利と現在価値

5年後に1000000円の大学入学の資金を9%で預金するとしよう．現在いくら預金すればよいかという現在価値は，次のように計算できた．

$$PV = \frac{1000000}{(1+0.09)^5} = 649931 \tag{3.90}$$

インフレ率が0ならば649931円でよいが，大学入学の費用もインフレ率と同時に増加していくとするとこれでは不足してしまう．インフレ率を年3%と予測して現在いくら預金すればよいか，すなわち実質的な現在価値を求める．

実質金利を次のように求めてこれを使えばよい．

$$RIR = \frac{0.09 - 0.03}{1 + 0.03} = 0.0582524 \tag{3.91}$$

実質金利を用いて，実質現在価値は次のように求められる．

$$PV = \frac{1000000}{(1+0.0582524)^5} = 753449 \tag{3.92}$$

3.4.5 アニュイティの実質将来価値

10年後の留学費用として2000000円を得るために，毎年7%の年利率で預金するとしよう．入金は毎年のはじめに行うとする．インフレ率が0のときは次のように毎年の預金額が得られた．

$$PMT = \frac{FVr}{(1+r)\{(1+r)^{10}-1\}} \tag{3.93}$$

$$= \frac{2000000 \times 0.07}{(1+0.07) \times \{(1+0.07)^{10}-1\}} = 135285 \tag{3.94}$$

これに対してインフレ率が毎年3%であるとする．10年後の実質留学費用は2000000円で変わらないとする．実質年利率 (RIR) は次のように求められる．

$$RIR = \frac{\text{名目金利} - \text{インフレ率}}{1 + \text{インフレ率}} = \frac{0.07 - 0.03}{1 + 0.03} = 0.038835 \tag{3.95}$$

3.4 インフレ率と金利

実質的に同じ額を預金するとして,その値 PMT は次のように求められる.

$$PMT = \frac{FV\,RIR}{(1+RIR)\{(1+RIR)^{10}-1\}} \tag{3.96}$$

$$= \frac{2000000 \times 0.038835}{(1+0.038835) \times \{(1+0.038835)^{10}-1\}} = 161223 \tag{3.97}$$

この金額に対して,10年後には次のような名目の将来価値になる.

$$161223 \times (1+0.07)^{10} = 317150 \tag{3.98}$$

はじめの年はこの金額でよいが,2年目のはじめの入金は1年間のインフレを考えて次の金額だけ入金する必要がある.

$$161223 \times (1+0.03) = 166059 \tag{3.99}$$

この名目の金額に9年間にわたって7%の金利で利息がつき,将来価値は次のようになる.

$$166059 \times (1+0.07)^9 = 305293 \tag{3.100}$$

3年目のはじめには,次の金額が実質161223円に相当する.

$$161223 \times (1+0.03)^2 = 171041 \tag{3.101}$$

この金額の8年後の将来価値は次のようになる.

$$171041 \times (1+0.07)^8 = 293880 \tag{3.102}$$

この計算結果をまとめたのが表3.6である.

これらの総計を求めてみる.

$$\begin{aligned}&317150 + 305294 + 293881 + 283881 + 282895 + 272319 + 262139\\&+ 252340 + 242906 + 233826 + 225085 = 2687833\end{aligned} \tag{3.103}$$

この値が実際に2000000円に対する10年後の名目の金額になっていることは次のように確かめられる.

$$2000000 \times (1+0.03)^{10} = 2687833 \tag{3.104}$$

表 3.6: 名目の将来価値を求める

年数	実質の PMT	名目 PMT	10年後の名目将来価値
1	161222.9	161223	317150
2	161222.9	166060	305294
3	161222.9	171041	293881
4	161222.9	176173	282895
5	161222.9	181458	272319
6	161222.9	186902	262139
7	161222.9	192509	252339
8	161222.9	198284	242906
9	161222.9	204232	233826
10	161222.9	210359	225084

場合によっては実質金利が 4% と保証されているような場合，インフレ率を 3% としたときの名目の年利率を求める必要がある．それには，実質金利を名目金利とインフレ率から導いた次の式を変形すればよい．

$$1 + 実質金利 = \frac{1 + 名目金利}{1 + インフレ率} \tag{3.105}$$

$(1 + インフレ率)$ を両辺にかけて左右を入れ替えれば次の式が得られる．

$$1 + 名目金利 = (1 + 実質金利) \times (1 + インフレ率) \tag{3.106}$$

$$名目金利 = (1 + 実質金利) \times (1 + インフレ率) - 1 \tag{3.107}$$

$$= 実質金利 \times インフレ率 + 実質金利 + インフレ率 \tag{3.108}$$

この式を使うと，実質金利が 4%，インフレ率が 3% のときの名目金利は次のように計算できる．

$$名目金利 = 0.04 \times 0.03 + 0.04 + 0.03 = 0.0712 \ (7.12\%) \tag{3.109}$$

3.4 インフレ率と金利

3.4.6 連続複利による実効金利

年利率 r の連続複利による実効金利は $e^r - 1$ であった. 連続複利による実効金利で, 名目金利, インフレ率, 実効金利が表されていれば次の式が成り立つ.

$$e^{\text{実効金利}} - 1 = \frac{(e^{\text{名目金利}} - 1) - (e^{\text{インフレ率}} - 1)}{1 + (e^{\text{インフレ率}} - 1)} = e^{\text{名目金利}-\text{インフレ率}} - 1 \tag{3.110}$$

したがって, 連続複利の場合には簡単な次の関係式が成り立つ.

$$\text{実効金利} = \text{名目金利} - \text{インフレ率} \tag{3.111}$$

演習問題　3

[1] 500万円を年利率 8% で借り入れた．毎年の終わりに同じ金額を返済する．期限は 8 年である．毎年の返済額を求めよ．

[2] 2000万円を 15 年の期限で借り入れた．毎年年末に同じ額を返済するとして，いくら返済すればよいか求めよ．ただし，年利率は 3.2% であるとする．

[3] 2000万円を 15 年の期限で借り入れた．毎年年末に同じ額を返済するとして，いくら返済すればよいか求めよ．ただし，年利率は 4.2% であるとする．

[4] 2000万円を 20 年の期限で借り入れた．毎月の末に同じ額を返済するとして，いくら返済すればよいか求めよ．ただし，年利率は 4.2% であるとする．

[5] 1500万円を 14 年の期限で借り入れた．毎月の末に同じ額を返済するとして，いくら返済すればよいか求めよ．ただし，年利率は 3.8% であるとする．

[6] 2000万円を 18 年の期限で借り入れ，毎月の終わりに同じ額を支払うとする．年利率は 3% である．以下の値を求めよ．
 (1) 毎月の支払い額
 (2) 10ヵ月たった時点での元金の残高
 (3) 10ヵ月後に支払う金額のうち，利息部分の金額
 (4) 10ヵ月後に支払う金額のうち，元金部分の金額
 (5) 100ヵ月たった時点での元金の残高
 (6) 100ヵ月後に支払う金額のうち，利息部分の金額
 (7) 100ヵ月後に支払う金額のうち，元金部分の金額

[7] 2000万円を 18 年にわたり，年利率 6% で借り入れ，毎月の終わりに同じ額を返済する．次の値を求めよ．
 (1) 12ヵ月後までに支払った元金の合計額
 (2) 12ヵ月後までに支払った利息の合計額
 (3) 10 年間に支払った元金の合計額と利息の合計額

3.4 インフレ率と金利

[8] 年利率 8% で毎月の複利計算により借り入れた場合, 実効年利率はいくらになるか.

[9] 年利率 8% で毎週の複利計算により借り入れた場合, 実効年利率はいくらになるか.

[10] 年利率 8% で連続複利計算により借り入れた場合, 実効年利率はいくらになるか.

[11] 元金 100 万円を年利率 10% で連続複利計算により預金した場合, 1 年後の元利合計はいくらになるか.

[12] 元金 100 万円を年利率 10% で連続複利計算により預金した場合, 3 年後の元利合計はいくらになるか.

[13] 名目金利が 5% であり, インフレ率が 2% であるとき, 実質金利を求めよ.

[14] 100 万円を, 年利率 5%, 年 1 回の複利で 8 年間預金した. インフレ率が 2% であるとして 8 年後の実質将来価値を求めよ.

[15] 6 年後に 100 万円の資金になるように, 現在いくら用意すればよいかを計算せよ. ただし, 8% の複利で運用し, インフレ率は 2% であるとする.

[16] 6 年後に 150 万円の資金が必要である. 毎年はじめに一定額を預金する. 年利率が 6%, インフレ率が 1% であるとする. 6 年後に実質的に同じ額になるためには, 毎年いくら預金すればよいか.

[17] 連続複利計算において, 名目金利が 9% であり, インフレ率が 2% であるとき, 実効金利を求めよ.

4. 収益率の数学

4.1 収益率

4.1.1 収益と収益率

　ここでは株価の収益と収益率について考えよう．ある銘柄 A の株価が 500 円であったが，1ヶ月後に 600 円になったとする．500 円で買ったものが 600 円で売れたので 100 円の利益となる．これを **収益** という．

　別の銘柄 B の株を 2000 円で買った後で，2100 円で売れたとすると，同じように 100 円の収益となる．この 2 つの場合の収益は同じであるが，投資した額が異なる．500 円の投資に対して 100 円の収益があった場合と，2000 円の投資に対して 100 円の収益があった場合では，効率という点で異なる．銘柄 A を 2000 円分購入していれば $100 \times 4 = 400$ で 400 円の収益となり，銘柄 B を購入するより 300 円も収益が多い．

　このように収益の効率性を表すのに便利なように，投資額の 1 円当たりの収益を表す量を使う．これを **収益率** という．

　200cm^3 に 300g 詰まっている物質の，1cm^3 当たりの質量すなわち密度を求めるのと同じ原理である．一般に，時間的，空間的に広がりを表す量を **外延量** という．重さ，体積，時間，金額，投資金額，収益，人口，資本金 などは外延量である．2 つの外延量 A, B があるとき，「量 B の単位当たりの量 A」を **内包量** という．速さ，利率，人口増加率，失業率 などは内包量である．2 つの外延量から内包量を求める計算が割り算である．収益率も内包量の 1 つであり，収益を投資額で割って得られる，投資額の単位量当たりに対する

4.1 収益率

収益を表す量である．

$$収益率 = \frac{収益}{投資額} \tag{4.1}$$

銘柄 A を 500 円で購入し，600 円で売却したときの収益率は次のように計算できる．

$$収益率 = \frac{100}{500} = 0.2 \tag{4.2}$$

銘柄 B を 2000 円で購入し，2100 円で売却したときの収益率は次のように計算できる．

$$収益率 = \frac{100}{2000} = 0.05 \tag{4.3}$$

銘柄 A の方が収益率がかなり高い．

4.1.2 配当も入れた収益率

株式に投資したとき，売却額と購入額の差として収益が得られるが，もう一つの収益に配当金がある．株を発行した企業が株主に対して支払うのが **配当金** である．これも株による収益である．

売却額と購入額の差と配当金を合わせた収益が，株の投資したとき得られる収益である．配当金も入れた収益率は次のように表せる．

$$収益率 = \frac{(売却額 - 購入額) + 配当金}{投資額} \tag{4.4}$$

$$= \frac{株価の値上がりによる収益 + 配当による収益}{投資額} \tag{4.5}$$

売却額 − 購入額 による収益を **キャピタルゲイン** (capital gain) という．この値がマイナスで損失になるときは **キャピタルロス** (capital loss) という．

これに対して配当金による収益を **インカムゲイン** (income gain) という．

例 4.1. 2000 年 2 月 2 日にある銘柄の株式を 600 円で購入し，1 年後の 2 月 1 日に 900 円で売却した．また，期末に 1 株当たり 30 円の配当金が支払われた場合の，収益率は次のように計算できる．

$$収益率 = \frac{(900-600)+30}{600} = 0.55\ (55\%) \tag{4.6}$$

例 4.2. 2000 年 2 月 2 日にある銘柄の株価が 600 円であり，100 株を購入した．2001 年の 1 月に 1 株当たり 20 円の配当金が支払われた．その直後に 1 株を 1.2 株にする株式分割が行われ，2 月 1 日には株価は 590 円になった．このとき全部の株を売却したとすると，1 年間の収益率はいくらになるだろうか．

投資した金額は次の通りである．

$$600 \times 100 = 60000 \tag{4.7}$$

1 株当たり 20 円の配当金があったので配当金の合計は次の通りである．

$$20 \times 100 = 2000 \tag{4.8}$$

1 株が 1.2 株に分割されたので保有する株数は次の通りである．

$$100 \times 1.2 = 120 \tag{4.9}$$

1 株 590 円で 120 株売却すると売却額は次の通りである．

$$590 \times 120 = 70800 \tag{4.10}$$

売却額から投資額を引いた収益は次の通りである．

$$70800 - 60000 = 10800 \tag{4.11}$$

60000 円の投資に対する収益が 10800 円と 2000 円を合わせて 12800 円であるから収益率は次のように計算できる．

$$収益率 = \frac{12800}{60000} = 0.213\ (21.3\%) \tag{4.12}$$

4.2 収益率と期間

4.2.1 単利法による月収益率と年収益率

収益が同じでも投資額が異なれば比較ができず，1円当たりの収益としての収益率が大事であった．

もう一つ大事な要素が収益率を計算する時間である．1年間の収益率が50%というのと，1ヶ月の収益率が4%というのを比較するには，どのようにすればよいだろうか．

1ヶ月の収益率が4%というのは，1株100円の株を200株購入していれば，20000円の投資が1ヶ月後に$20000 \times 1.04 = 20800$円になったということである．1ヶ月後の株価が104円で，2ヶ月後の株価が108円，3ヶ月後の株価が112円というように値上がりが続いたとすると，1年後の株価は次のようになる．

$$100 \times (1 + 0.04 \times 12) = 148 \tag{4.13}$$

株数は同じ200株であるから売却額は次のようになる．

$$148 \times 200 = 29600 \tag{4.14}$$

この収益は，1年間の収益率50%で$100 \times 200 \times 1.5 = 30000$となるのに比較して収益率が少し低い．

この計算は金利が月利0.04 (4%)で1年間，単利法で運用した場合と同じ計算である．月の収益率と年の収益率を単利法で比較する場合，一般には次の式が成り立つ．

$$年収益率 = 月収益率 \times 12 \tag{4.15}$$

$$月収益率 = \frac{年収益率}{12} \tag{4.16}$$

4.2.2 複利法による月収益率と年収益率

これに対して，1ヶ月後に104円になった株を売却して20800円を得たとき，別の銘柄を購入するとしよう．これが**再投資**である．その銘柄も1ヶ月

での収益率が 0.04 (4%) であれば, 2ヶ月後の売却額は次のようになる.

$$20800 \times (1 + 0.04) = 21632 \tag{4.17}$$

はじめの投資額から通して計算すると次のようになる.

$$100 \times 200 \times (1 + 0.04)^2 = 21632 \tag{4.18}$$

同じ操作を毎月行うと 1 年後の売却額は次のようになる.

$$100 \times 200 \times (1 + 0.04)^{12} = 32021 \tag{4.19}$$

この計算は月利 4% の複利で 1 年経ったときの元利合計を求める計算と同じである. この場合の年収益率は次の計算で得られる.

$$\begin{aligned}
年収益率 &= \frac{100 \times 200 \times (1 + 0.04)^{12} - 100 \times 200}{100 \times 200} \\
&= (1 + 0.04)^{12} - 1 = 0.601032
\end{aligned} \tag{4.20}$$

再投資を行い, 複利計算に相当する場合の月収益率と年収益率は一般に次の関係にある.

$$年収益率 = (1 + 月収益率)^{12} - 1 \tag{4.21}$$

$$月収益率 = (1 + 年収益率)^{\frac{1}{12}} - 1 \tag{4.22}$$

月の収益率が 0.05 (5%) で, 3ヶ月ごとに年に 4 回再投資した場合の 1 年後の収益率を求める.

3ヶ月間での収益率は $0.05 \times 3 = 0.15$ (15%) である. 年 4 回の複利と同じ計算で次のようになる.

$$(1 + 0.15)^4 - 1 = 0.749006 \tag{4.23}$$

毎月再投資する場合は次のようになる.

$$(1 + 0.05)^{12} - 1 = 0.795856 \tag{4.24}$$

4.2 収益率と期間

再投資を行わない場合と行った場合の収益率の違いをグラフで示しておく.

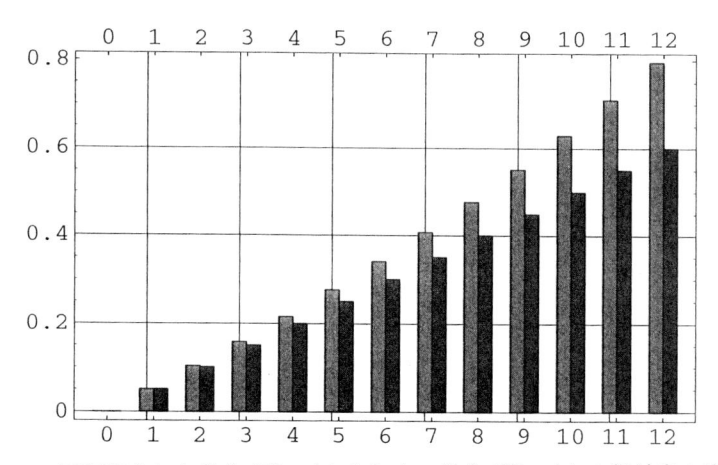

図 4.1: 再投資をした場合 (薄い方) としない場合 (濃い方) の収益率の違い

4.2.3 連続再投資による収益率

年の収益率が 40% の株式を毎日のように連続的に再投資した場合の年間の収益率は, 連続複利計算と同じで, 次のように計算できる.

$$\lim_{n \to \infty} \left(1 + \frac{0.4}{n}\right)^n - 1 = e^{0.4} - 1 = 0.491825 \tag{4.25}$$

すなわち, 49.1825% の年間の収益率になる.

一般に, 年の収益率が r の株式を連続的に再投資した場合の年間の収益率は次のようになる.

$$e^r - 1 \tag{4.26}$$

A 円を, 年の収益率が r の株式に連続的に再投資した場合の 1 年後の売却額は次のようになる.

$$Ae^r \tag{4.27}$$

4.3 割引債の収益率の計算

4.3.1 割引債の収益率

純粋割引債 というのは，満期すなわち将来の定まったときに 1 回だけキャッシュフローが生じるような債券のことである．**ゼロクーポン債** ともいう．満期日に受け取るキャッシュフローを **額面金額** という．このような債券を購入するときには額面よりも小さい金額で購入し，その差が収益となる．

今，額面 100 円の債券で 1 年満期のものを 96 円で購入したとする．収益は $100 - 96 = 4$ である．収益率 (利回り) は次のように計算できる．

$$収益率 = \frac{100 - 96}{96} = 0.0416667 \tag{4.28}$$

一般に，満期 1 年の純粋割引債の収益率 (利回り) は次のように計算される．

$$収益率 = \frac{額面金額 (100) - 購入価格}{購入価格} \tag{4.29}$$

4.3.2 1 年満期以外の債券の利回り

額面金額が 100 円で，満期が 2 年の割引債の価格が 90 円であったとする．収益率を 1 年当たりに換算した率を **利回り** という．満期までの利回りを **最終利回り**，あるいは **スポットレート** ともいう．上の例における利回り r を求めてみる．次の式が成り立つような r を求めることになる．

$$90 \times (1+r)^2 = 100 \tag{4.30}$$

この r を求めるのは複利計算において年利率を求める計算と同じであるから，次の式で求められる．

$$年利率 = \left(\frac{額面金額}{購入価格}\right)^{\frac{1}{期間}} - 1 = \left(\frac{100}{90}\right)^{\frac{1}{2}} - 1 \tag{4.31}$$

$$= 0.0540926 \tag{4.32}$$

4.3 割引債の収益率の計算

今度は半年で複利計算したときの, 年利率 r_2 を求める. 半年後に適用される利率は $\frac{r_2}{2}$ であるから, 2 年間で次のようになる.

$$90 \times \left(1 + \frac{r_2}{2}\right)^{2 \times 2} = 100 \tag{4.33}$$

この r_2 についての方程式は次のように解ける.

$$\left(1 + \frac{r_2}{2}\right)^{2 \times 2} = \frac{100}{90} \tag{4.34}$$

$$1 + \frac{r_2}{2} = \left(\frac{100}{90}\right)^{\frac{1}{4}} \tag{4.35}$$

$$r_2 = 2\left\{\left(\frac{100}{90}\right)^{\frac{1}{4}} - 1\right\} \tag{4.36}$$

$$= 0.0533802 \tag{4.37}$$

一般に, 額面が FV で, 満期まで n 年の純粋割引債 (ゼロクーポン債) の価格が PV であるとき, 半年ごとの複利計算を行うとして, 最終利回り (年利率) は次のように求められる.

$$r_2 = 2\left\{\left(\frac{FV}{PV}\right)^{\frac{1}{2n}} - 1\right\} \tag{4.38}$$

$$利回り = 2\left\{\left(\frac{額面金額}{購入価格}\right)^{\frac{1}{2 \times 期間}} - 1\right\} \tag{4.39}$$

年 1 回の複利とした場合の最終利回り r で r_2 を表すことができる.

$$r = \left(\frac{FV}{PV}\right)^{\frac{1}{n}} - 1 \tag{4.40}$$

$$\left(\frac{FV}{PV}\right)^{\frac{1}{n}} = 1 + r \tag{4.41}$$

$$r_2 = 2\left\{(1+r)^{\frac{1}{2}} - 1\right\} \tag{4.42}$$

4.3.3 割引債の現在価値

満期が 6 年で額面金額が 100 円の割引債の利回りが 5% であるとする．この債券の現在価値を PV とすると次の式が成り立っている．

$$100 = PV \times (1 + 0.05)^6 \tag{4.43}$$

現在価値は，この方程式を解いて次のように求められる．

$$PV = \frac{100}{(1 + 0.05)^6} = 74.6215 \tag{4.44}$$

一般に，額面金額が FV，満期が n 年，利回りが r の割引債の現在価格 PV は次の式で表せる．

$$PV = \frac{FV}{(1+r)^n} \tag{4.45}$$

$$現在価値 = \frac{額面金額}{(1 + 利回り)^{期間}} \tag{4.46}$$

額面金額が 100 円で，利回りが 5% の割引債の満期が 1, 2, 3, 4, 5, 6 となっている場合の現在価値の違いをグラフで表してみる．

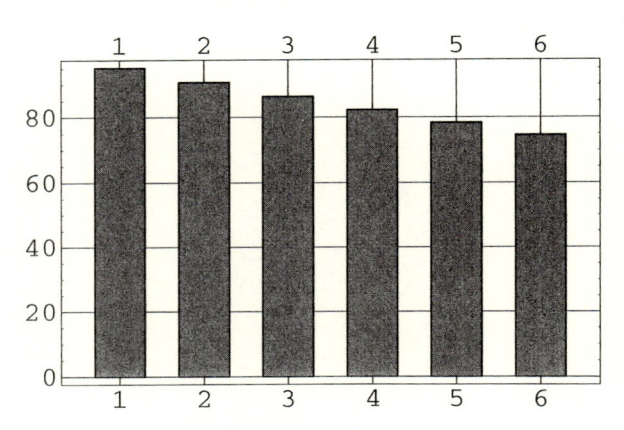

図 **4.2**: 割引債の満期の違いによる現在価値の違い

4.4 利付債の収益率の計算

4.4.1 表面利率と利回り

割引債による収益は額面金額と購入価格との差だけであるが,一定の期間ごとに一定の割合で支払いが行われることを約束した債券を **利付債券** (coupon bond) という.

支払われる金額を **クーポン** (coupon) という.このときの一定の割合,すなわちクーポンが額面金額のどのくらいの割合かを示す率,すなわち額面 1 円に対するクーポンの額を **表面利率** あるいは**クーポンレート** (coupon rate) という.

$$\text{表面利率} = \frac{\text{クーポン}}{\text{額面金額 (100)}} \tag{4.47}$$

たとえば,額面 100 円に対するクーポンが 8 円ならば,表面利率は次のようになる.

$$\text{表面利率} = \frac{8}{\text{額面金額 (100)}} = 0.08 \tag{4.48}$$

これに対して,クーポンが市場価格に対してどのくらいかを示す率,すなわち,市場価格 1 円に対するクーポンの額を **直接利回り** という.

$$\text{直接利回り} = \frac{\text{クーポン}}{\text{市場価格}} \tag{4.49}$$

たとえば,市場価格が 95 円の債券のクーポンが 8 円ならば,直接利回りは次のようになる.

$$\text{直接利回り} = \frac{8}{95} = 0.0842105 \tag{4.50}$$

直接利回りは単にクーポンの評価をしているだけであり,額面金額と市場価格の差による収益あるいは損益については考慮されていない.

額面金額が 100 円で,表面利率が年 7% で 8 年満期の利付債券が 90 円で発行されて購入したとする.毎年 100 円の 7% である 7 円が得られる.満期

に売却したとすると,収益は次のようになる.

$$7+7+7+7+7+7+7+7+10 = 7\times 8 + 10 = 66 \qquad (4.51)$$

この場合の収益率は次のように求められる.

$$収益率 = \frac{7\times 8 + (100-90)}{90} = 0.73333 \qquad (4.52)$$

一般に利付債券の収益率は次のように計算できる.

$$収益率 = \frac{額面金額 \times 表面利率 \times 期間 + 額面金額 - 購入価格}{購入価格} \qquad (4.53)$$

この収益率を1年当たりに直した利率を **利回り** といい,収益率を期間で割って得られる.次のように表せる.

$$利回り = \frac{額面金額 \times 表面利率 + \dfrac{額面金額 - 購入価格}{期間}}{購入価格} \qquad (4.54)$$

上の例では利回りは次のように計算できる.

$$利回り = \frac{100 \times 0.07 + \dfrac{100-90}{8}}{90} = 0.0916667 \qquad (4.55)$$

額面を 100 円とし,表面利率を % で表すと,額面金額 × 表面利率 = 表面利率 (%) となる.利回りも % で表すと次のようになる.

$$利回り (\%) = \frac{表面利率 (\%) + \dfrac{額面金額 - 購入価格}{期間}}{購入価格} \times 100 \qquad (4.56)$$

上の例では次のように利回り (%) が計算できる.

$$利回り (\%) = \frac{7 + \dfrac{100-90}{8}}{90} \times 100 = 9.16667(\%) \qquad (4.57)$$

4.4.2 市場価格と利回り

債券は満期を待たないで自由に売買も行われる. 売買されるときの額が**市場価格** である.

今, 額面金額が 100 円で, 満期 10 年, 12% の利付きの債券が, 1 年を残して 105 円で売りに出されたとする. 1 年後の収益は次のように計算できる.

$$100 \times 0.12 + (100 - 105) = 7 \tag{4.58}$$

このときの収益率は次の計算で求められる.

$$収益率 = \frac{100 \times 0.12 + (100 - 105)}{105} = 0.0666667 \tag{4.59}$$

この値を **満期利回り** という. 一般に, 残り 1 年の利付債券の満期利回りは次の式で与えられる.

$$r = \frac{PMT + FV - PV}{PV} \tag{4.60}$$

$$満期利回り = \frac{クーポン + 額面金額 - 市場価格}{市場価格} \tag{4.61}$$

一般に, 残りの期間が 1 年の場合, 満期利回りを求める計算式は, クーポンと額面金額の現在価値の和が, 市場価格と等しくなるという次の式から得られた率と等しい.

$$PV = \frac{PMT}{1 + r} + \frac{FV}{1 + r} \tag{4.62}$$

$$PV + PV \times r = PMT + FV \tag{4.63}$$

$$PV \times r = PMT + FV - PV \tag{4.64}$$

$$r = \frac{PMT + FV - PV}{PV} \tag{4.65}$$

例 4.3. 額面 100 円, 利率 3% の債券が満期まで 1 年を残して 97 円で売られた. 満期利回りは次のように計算できる.

$$満期利回り = \frac{100 \times 0.03 + (100 - 97)}{97} = 0.0618557 \tag{4.66}$$

4.4.3 満期利回りの計算

今, 額面金額が 100 円で, 満期 10 年, 12% の利付きの債券が残り 2 年を残して 105 円で売りに出されたとする. 2 年後の満期利回りは, 2 回得られるクーポンの現在価値と満期で得られる金額の現在価値の和が市場価格の 105 円に等しくなる利率 r として, 次の式を解いて得られる.

$$105 = \frac{100 \times 0.12}{1+r} + \frac{100 \times 0.12}{(1+r)^2} + \frac{100}{(1+r)^2} \tag{4.67}$$

r について整頓すると次のような 2 次方程式になる.

$$105r^2 + 198r - 19 = 0 \tag{4.68}$$

整頓する前でも後でもよいが, r についての方程式をコンピュータの数学ソフトなどで解くと 0.091518 が得られる.

financial calculator では次のように入力して得られる.

105 [+-] [PV]
100 [FV]
2 [n]
12 [PMT]
[COMP] [i %]

と入力すると次のような出力が得られる.

9.15180177

一般に, 額面金額が FV, 残りの期間が n 年, 毎年得られるクーポンの額が PMT, 市場価格が PV のとき, 満期利回り r は, すべてのキャッシュフローの現在価値が市場価格と等しくなる率となるので, r についての次の方程式の解として得られる.

$$PV = \sum_{k=1}^{n} \frac{PMT}{(1+r)^k} + \frac{FV}{(1+r)^n} \tag{4.69}$$

4.4.4　クーポンの支払いが年2回の場合の利回り

今, 額面金額が 100 円で, 満期 10 年, 12% の利付きの債券が残り 2 年を残して 105 円で売りに出されたとする. ただし, クーポンの支払いが年に 2 回行われるとする.

満期利回りを r とすると, 半年の利率は $\frac{r}{2}$ である. 現在価値の計算から次の式が成り立つ r を求めればよい.

$$105 = \frac{100 \times 0.06}{1 + \frac{r}{2}} + \frac{100 \times 0.06}{(1 + \frac{r}{2})^2} + \frac{100 \times 0.06}{(1 + \frac{r}{2})^3} + \frac{100 \times 0.06}{(1 + \frac{r}{2})^4} + \frac{100}{(1 + \frac{r}{2})^4} \tag{4.70}$$

手計算で展開して整頓するのは大変であるが, コンピュータの数学ソフトを使えば簡単に次のように整頓できる.

$$105r^4 + 828r^3 + 2424r^2 + 3072r - 304 = 0 \tag{4.71}$$

整頓する前でも後でもよいが, コンピュータの数学ソフトで解を求めると $r = 0.0920585$ が得られる. 年 1 回のクーポンの支払いのときの満期利回り $r = 0.091518$ より少し高い値になっている.

financial calculator では次のように入力すればよい.

105 [+-] [PV]
100 [FV]
4 [n]
6 [PMT]
[COMP] [i %]

と入力すると次のような出力が得られる.

4.602923956

この値を 2 倍して **9.205847912** が得られる.

4.5 債券価格の時間的変化と金利による影響

4.5.1 期間一定の市場価格と利回りの関係

額面金額が 100 円で，年利 12% のついた利付債券の，満期までの期間をたとえば 4 年としよう．このとき市場価格 PV と利回り r の関係は次の式で与えられた．

$$PV = \frac{12}{1+r} + \frac{12}{(1+r)^2} + \frac{12}{(1+r)^3} + \frac{12}{(1+r)^4} + \frac{100}{(1+r)^4} \quad (4.72)$$

r を決めると PV が定まるので，PV は r の関数である．このグラフを描いてみよう．手計算の分析で描くのは大変であるが，コンピュータの数学ソフトなどを使えば容易にグラフが描ける．

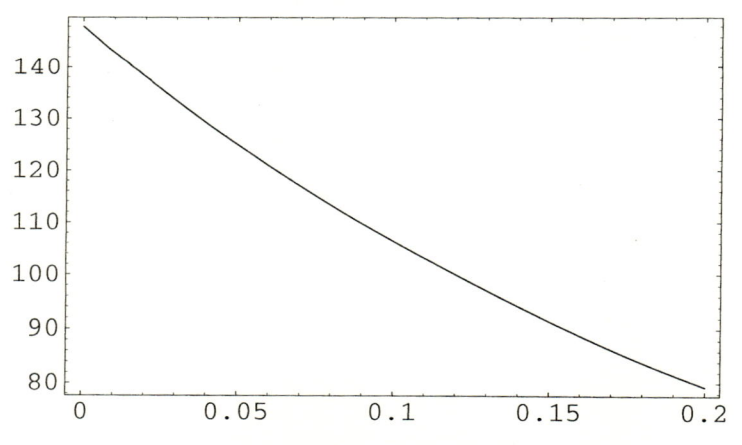

図 4.3: 利回りの変化に対する市場価格の変化

このグラフは横軸に利回りをとり，縦軸に市場価格をとっている．

反対に，市場価格 PV を決めればそれに応じて利回り r が定まるのでこれも関数である．r から PV を求める関数の逆なので，**逆関数** と呼ばれる．

この場合の逆関数を求めることは大変であるが，逆関数のグラフを描くことはコンピュータの数学ソフトにより容易にできる．

4.5 債券価格の時間的変化と金利による影響

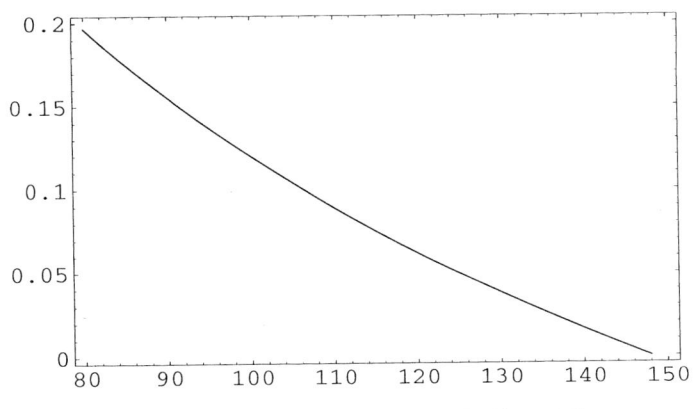

図 **4.4**: 市場価格の変化に対する利回りの変化

利回りから市場価格が定まるグラフにおいて,現在の市場価格が 105 円のときの利回りをグラフから求めるには,市場価格が 105 円で一定の直線を引き,それと曲線との交点の r の値を求めればよい.

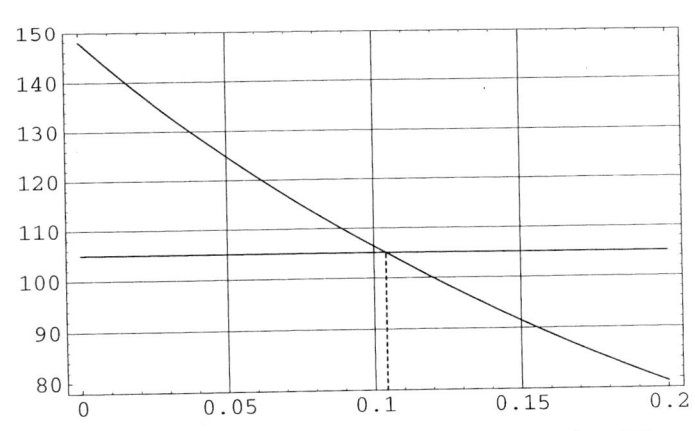

図 **4.5**: 市場価格 105 に対する利回り r のグラフ上の意味

同様に,市場価格に対する利回りを表すグラフにおいては,$PV = 105$ は縦軸に平行な直線になり,この直線と曲線の交点として利回り r の値が得られる.詳しい値はコンピュータソフトにより,$r = 0.104087$ が得られる.

4.5.2　期間の違いによる利回りと市場価格の曲線の変化

期間が異なると，利回りと市場価格の対応を示す曲線も異なってくる．額面金額が 100 円で，年利 12% のついた利付債券の，満期までの期間を 1 年から 6 年まで変化させてみよう．このとき市場価格 PV と利回り r の関係を示す曲線は図のように変化していく．期間が長くなるほど $r = 0$ の値が大きく，曲線は急勾配になっていく．

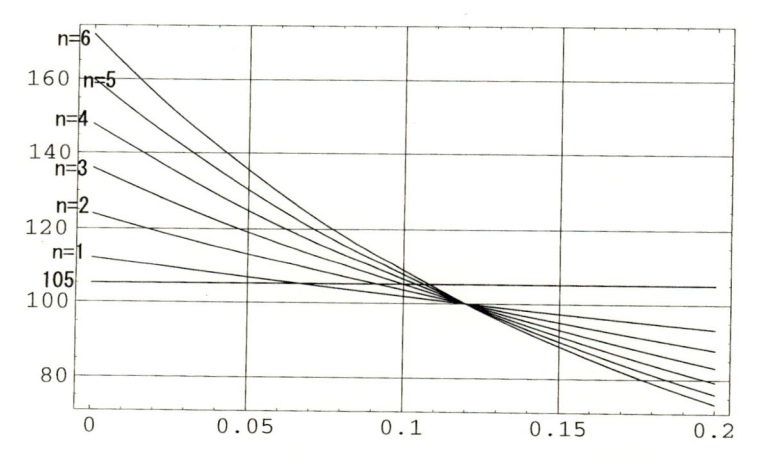

図 4.6: 期間の違いによる利回り (横軸) と市場価格 (縦軸) の曲線の違い

すべての曲線が共通に通っている点があるが，これは $r = 0.12$ と，利回りが債券の利率と同じになる場合であり，市場価格は額面の金額 100 円そのもののときである．

今度は市場価格を $PV = 105$ と一定にしておくと，そのときの利回り，r の値が，期間の違いによってどのように変わるかというデータを求めてみる．

図 4.6 において，$PV = 105$ という横軸に平行な直線と曲線が交わる点の，r の値を拾うことになる．

この結果を表 4.1 で示す．

4.5 債券価格の時間的変化と金利による影響

表 4.1: 市場価格 $PV = 105$ に対する期間と利回りの対応

期間 (年数)	利回り
1	0.0666667
2	0.0915180
3	0.0998979
4	0.104087
5	0.106587
6	0.108241
7	0.109409
8	0.110274
9	0.110937
10	0.111458

この対応を横軸に期間, 縦軸に利回りをとったグラフに表すと次のようになる.

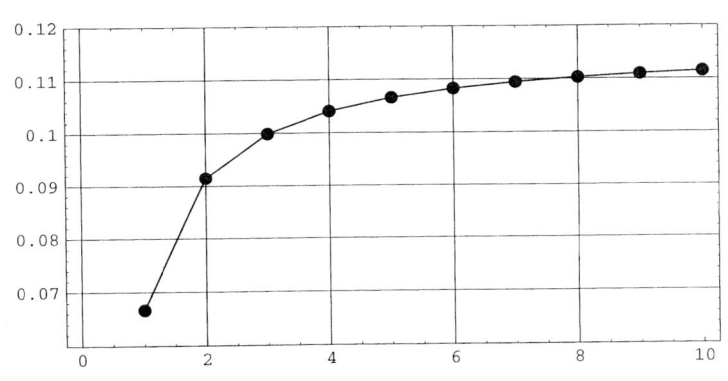

図 4.7: 市場価格 ($>$ 額面金額) 一定の場合, 期間の違いによる利回りの変化

このグラフで, 期間 n を大きくしていくと, 利回りは大きな値になっていくが, いくらでも大きくなるのではない.

等比数列の和の公式を用いると，次のように変形できる．

$$PV = 105 = \frac{12}{1+r} + \frac{12}{(1+r)^2} + \cdots + \frac{12}{(1+r)^n} + \frac{100}{(1+r)^n} \tag{4.73}$$

$$= \frac{\frac{12}{1+r}\left(1 - \frac{1}{(1+r)^n}\right)}{1 - \frac{1}{1+r}} + \frac{100}{(1+r)^n} \tag{4.74}$$

$$= \frac{12}{r}\left(1 - \frac{1}{(1+r)^n}\right) + \frac{100}{(1+r)^n} \tag{4.75}$$

この式で $n \to \infty$ とすると，$r > 0$ であるから次の式が成り立つ．

$$105 = \frac{12}{r} \tag{4.76}$$

$$r = \frac{12}{105} = 0.114286 \tag{4.77}$$

これはクーポンの市場価格に対する割合で，直接利回りと呼ばれた．

市場価格が額面金額より大きい利付債券を **プレミアム債** という．ここで扱ってきた例はプレミアム債であった．

プレミアム債については次の不等式が成り立つ．

$$\text{額面金額} < \text{市場価格} \tag{4.78}$$

$$\text{直接利回り} = \frac{\text{クーポン}}{\text{市場価格}} < \frac{\text{クーポン}}{\text{額面金額}} = \text{表面利率} \tag{4.79}$$

さらに，上のグラフの分析から，満期利回りが直接利回りより小さいことがわかったのでまとめて次の不等式が成り立つ．

$$\text{満期利回り} < \text{直接利回り} < \text{表面利率} \tag{4.80}$$

この関係式は，残り期間が 1 年の場合は次の不等式から明らかである．

$$\frac{\text{クーポン} + \text{額面金額} - \text{市場価格}}{\text{市場価格}} < \frac{\text{クーポン}}{\text{市場価格}} < \frac{\text{クーポン}}{\text{額面金額}} \tag{4.81}$$

4.5 債券価格の時間的変化と金利による影響

以上はプレミアム債の場合であるが,通常の割引債で,市場価格 < 額面金額 が成り立つ場合には,1年が残りの期間のとき次の不等式になる.

$$\frac{クーポン + 額面金額 - 市場価格}{市場価格} > \frac{クーポン}{市場価格} > \frac{クーポン}{額面金額} \tag{4.82}$$

$$満期利回り > 直接利回り > 表面利率 \tag{4.83}$$

期間が2年以上になってもこの不等式はそのまま成り立つ.プレミアム債でなく,通常の例として,額面金額 100 円に対して市場価格が 95 円の場合,期間の違いによる利回りを求めて表にすると次のようになる.

表 4.2: 市場価格 $PV = 95$ に対する期間と利回りの対応

期間 (年数)	利回り
1	0.178947
2	0.150787
3	0.141594
4	0.137057
5	0.134368
6	0.132598
7	0.131353
8	0.130435
9	0.129734
10	0.129184

これをグラフに表すと次のようになる.

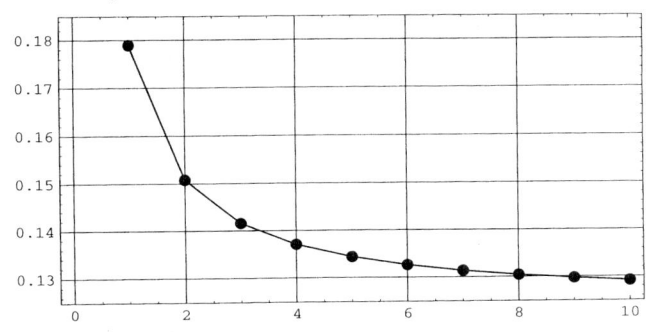

図 4.8: 市場価格 (< 額面金額) 一定の場合,期間の違いによる利回りの変化

4.6 内部収益率

4.6.1 内部収益率の考え

現在価値 PV と将来価値 FV の間を結ぶのは，利率や収益率である．はじめに利率や収益率が外から与えられて，それを用いて PV と FV の関係が規定される．

これに対して，現在価値と将来価値が定まっていて，その間の関係を規定する率が計算の上から求められる場合がある．この場合には現在価値は投資額となり，将来価値は将来もたらされる収入となる．このような場合の率はいわば内部から定まる収益率であり，これを **内部収益率** (internal rate of return; IRR) という．

投資額と将来もたらされるキャッシュフローが与えられたとき，どのくらいの利率で運用したことに相当するかという場合の利率にほかならない．

あるいは，コストと回収リターンの現在価値が等しくなるような割引率といってもよい．さらには，予想収益の現在価値を供給価格に等しくするような割引率として，ケインズの **資本の限界効率** (marginal efficiency of capital) とも等しい概念である．

複利計算による債券の利回りは実はここでいう内部収益率にほかならない．

4.6.2 投資期間が 1 年の内部収益率の計算

1000 円を投資して 1 年後に 1500 円になったという場合，次の式をみたす r が内部収益率である．

$$1000 \times (1+r) = 1500 \tag{4.84}$$

この方程式を r について解くと次のように求められる．

$$1 + r = 1.5 \tag{4.85}$$

$$r = 0.5 \tag{4.86}$$

この例の内部収益率は 0.5 すなわち 50% である．

4.6 内部収益率

一般に，内部収益率は次の式で規定されている．

$$投資額 \times (1 + 内部収益率) = 将来価値 \tag{4.87}$$

この式を変形して内部収益率は次のように表せる．

$$1 + 内部収益率 = \frac{将来価値}{投資額} \tag{4.88}$$

$$内部収益率 = \frac{将来価値}{投資額} - 1 \tag{4.89}$$

この式を数式で表すと次のようになる．投資額を I，将来価値を FV，内部収益率を r で表す．

$$I \times (1 + r) = FV \tag{4.90}$$

$$r = \frac{FV}{I} - 1 \tag{4.91}$$

4.6.3 投資期間が n 年の内部収益率の計算

投資額を I とし，n 年後に将来価値 FV_n が受け取れるとした場合，内部収益率 r は次の式で規定される．

$$I \times (1 + r)^n = FV_n \tag{4.92}$$

この式を r について解くと次のように内部収益率が求められる．

$$(1 + r)^n = \frac{FV_n}{I} \tag{4.93}$$

$$1 + r = \sqrt[n]{\frac{FV_n}{I}} \tag{4.94}$$

$$r = \sqrt[n]{\frac{FV_n}{I}} - 1 = \left(\frac{FV_n}{I}\right)^{\frac{1}{n}} - 1 \tag{4.95}$$

記号を使わなければ次のように表せる．

$$r = \sqrt[期間]{\frac{将来価値}{投資額}} - 1 = \left(\frac{将来価値}{投資額}\right)^{\frac{1}{期間}} - 1 \tag{4.96}$$

例 4.4. 3 年後に，1300 万円の将来価値が見こめる 1000 万円の投資プロジェクトがある．年当たりの内部収益率 r を求める．

内部収益率を表す式に数値を代入して次のように求められる．

$$r = \sqrt[3]{\frac{1300}{1000}} - 1 = 0.0913929 \tag{4.97}$$

0.0914 すなわち 9.14% の内部収益率である．

例 4.5. 4 年後に 5000 万円の将来価値が見こめる投資機会がある．年当たりの内部収益率を 10% 以上にするためには投資金額をどのくらいにすればよいかを求める．

投資金額を I とすると，内部収益率 $r \geq 0.1$ から，I についての次の不等式が成り立つ．

$$r = \left(\frac{5000}{I}\right)^{\frac{1}{4}} - 1 \geq 0.1 \tag{4.98}$$

I について次のように解く．

$$\left(\frac{5000}{I}\right)^{\frac{1}{4}} \geq 1 + 0.1 \tag{4.99}$$

$$\frac{5000}{I} \geq (1 + 0.1)^4 \tag{4.100}$$

$$I \leq \frac{5000}{(1 + 0.1)^4} \tag{4.101}$$

$$I \leq 3415.07 \tag{4.102}$$

投資金額を 3415.07 万円以下にしておけば，内部収益率を 10% 以上にすることができる．

4.6.4 複数のキャッシュインフローが見こまれる内部収益率の計算

100 万円投資すると，1 年後に 30 万円，2 年後に 40 万円，3 年後に 60 万円のキャッシュインフローが見こまれるような投資機会がある場合に，年当た

4.6 内部収益率

りの内部収益率を求めてみる.

収益率 r は毎年同じ値として考える. 100 万円 (1000000 円) を内部収益率 r で投資すると, 3 年後には $1000000 \times (1+r)^3$ のキャッシュインフローになる.

これは 1 年後の 300000 円と 2 年後の 400000 円を再投資して得られるキャッシュインフローと 3 年後の 600000 円を足したものと同じであるから次の式が成り立つ.

$$1000000(1+r)^3 = 300000(1+r)^2 + 400000(1+r) + 600000 \quad (4.103)$$

$(1+r)^3$ で割って次のようにも表せる.

$$1000000 = \frac{300000}{1+r} + \frac{400000}{(1+r)^2} + \frac{600000}{(1+r)^3} \quad (4.104)$$

r についての 3 次方程式を整頓すると次のようになる.

$$10r^3 + 27r^2 + 20r - 3 = 0 \quad (4.105)$$

3 次方程式であるから 3 根を持っているが実数は次の 1 つだけである.

$$r = 0.127147 \quad (4.106)$$

3 次方程式を一般に解くのは大変であるが, コンピュータの数学ソフトなどを使うと容易に解が求められる.

一般に, 投資額 I に対して, 1 年目のキャッシュインフローを C_1, 2 年目のキャッシュインフローを $C_2, \cdots, n$ 年目のキャッシュインフローを C_n とする. 内部収益率 r は次の式で定められる.

$$I = \frac{C_1}{(1+r)} + \frac{C_2}{(1+r)^2} + \cdots + \frac{C_n}{(1+r)^n} \quad (4.107)$$

演習問題　4

[1] 500万円を投資して20万円の利益を得た．このときの収益率を求めよ．

[2] ある銘柄の株式を1600円で購入し，1800円で売却したときの収益率を求めよ．ただし，配当や手数料を無視した場合を求めよ．

[3] ある銘柄の株式を800円で購入した．1年後に1000円で売却した．この間に40円の配当金が支払われた．収益率を求めよ．ただし手数料などは無視してよい．

[4] ある銘柄の株式を800円で10000株購入した．1年後に1株当たり30円の配当金が支払われた．その直後に，1株を1.2株にするという株式分割が行われた．その結果株価は750円になった．このとき全部の株を売却したとして1年間の収益率を次の順に求めよ．
　(1) 投資した金額はいくらか．
　(2) 配当金の合計はいくらか．
　(3) 株式分割後，保有している株数はいくらか．
　(4) 売却額はいくらになるか．
　(5) 1年間の収益はいくらか．
　(6) 1年間の収益率を求めよ．

[5] 単利法で月の収益率と年の収益率を比較したとき，月の収益率が2%に対する年の収益率を求めよ．

[6] 単利法で月の収益率と年の収益率を比較したとき，年の収益率が20%に対する月の収益率を求めよ．

[7] 複利法で月の収益率と年の収益率を比較したとき，月の収益率が2%に対する年の収益率を求めよ．

[8] 複利法で月の収益率と年の収益率を比較したとき，年の収益率が20%に

4.6 内部収益率

対する月の収益率を求めよ．

[9] 年当たりの収益率が 20% (0.2) の株式を，連続的に再投資した場合の年間の収益率を求めよ．

[10] 額面 100 円で 1 年満期の純粋割引債（ゼロクーポン）を 95 円で購入した．この債券の収益率を求めよ．

[11] 額面が 100 円で 3 年満期の純粋割引債を 92 円で購入した．年 1 回の複利計算をする場合の収益率すなわち利回りを求めよ．

[12] 額面が 100 円で 3 年満期の純粋割引債を 92 円で購入した．半年に 1 回の複利計算をする場合の収益率すなわち利回りを求めよ．

[13] 額面が 100 円の割引債の満期が 5 年で，利回りが 4% であるとき，この債券の現在価値を求めよ．

[14] 額面金額が 100 円の利付債券で，クーポンが 7 円であるとする．このときの表面利率を求めよ．

[15] 額面金額が 100 円の利付債券で，クーポンが 7 円であるとする．市場価格が 96 円とすると，このときの直接利回りはいくらか．

[16] 額面金額が 100 円の利付債券で，表面利率が 6%，5 年満期のものを 96 円で購入したとする．
  (1) 5 年間の収益率を求めよ．
  (2) 収益率を 1 年当たりに直した利回りを求めよ．

[17] 額面金額が 100 円で，満期が 8 年，10%の利付債券が残り 1 年で 104 円で売りに出された．1 年後の収益率すなわち満期利回りを求めよ．

[18] 額面金額が 100 円で，満期が 8 年，10%の利付債券が残り 2 年の時点で 103 円で売りに出された．2 年後の満期利回りを求めよ．

5. 株価指標の数学

5.1 日経平均株価

5.1.1 日経平均株価の概要

日経平均株価 は 1950 年に東京証券取引所が平均株価の計算をはじめたところまでさかのぼる．1968 年に計算を中止したが，翌年から日本経済新聞社が公表を再開した．1975 年にはアメリカのダウ・ジョーンズ社から計算方法の独占権を取得し，**日経ダウ平均株価** と呼んで公表した．1985 年になってから 「日経平均株価」と名称変更して現在に至っている．

いろいろな株価指数の中でも一番古くから使われていて，毎日，新聞・テレビで何回となくニュースで報道されるが，その算出方法について考えてみよう．現在 (2000 年 8 月末)，東京証券取引き所の「株式第 1 部」には，1421 銘柄 (1415 会社数) が登録されているが，その中の 225 銘柄についての株価を基礎としている．これは 15.83% になっている．

1421 から 225 をどのようにして選んでいるかは，「高流動性銘柄」の中から長期間の継続性を考慮して選ばれている．倒産したり合併されたりした銘柄は当然除去されるが，毎年見直しが行われ，6 銘柄を限度として入れ替えが行われている．もちろん 225 銘柄については公表されていて，インターネットでも見ることができる．たとえば次のようにする．

```
http://msearch.nikkei.co.jp/cdb/
     nikindex.cfm?scode=6501&ba=01&Index=Nave
```

ほとんどの銘柄の株価は額面が 50 円となっているが，少しではあるが額面が 50 円以外の銘柄もある．その場合の株価は 50 円の額面に換算して計算されている．

5.1.2 日経平均株価の計算方法

具体的な例で計算してみた方がわかりやすい．ここでは 2000 年 8 月 30 日の日経平均株価を計算してみよう．225 銘柄の終値を翌日 8 月 31 日の日本経済新聞の朝刊で見ると次のようになっている．

表 **5.1**: 225 銘柄と株価 (1)

銘柄	株価	銘柄	株価	銘柄	株価
日本製粉	265	日清製粉	1009	(日本甜菜製糖)	(147)
森永製菓	240	明治製菓	621	明治乳業	460
サッポロビール	358	アサヒビール	988	麒麟酒造	1200
寶酒造	2320	メルシャン	302	(ホーネン)	227
日清製油	333	キッコーマン	780	味の素	1164
日本たばこ産業	820	ニチレイ	393	東洋紡績	208
鐘紡	325	ユニチカ	66	(富士紡績)	(68)
日清紡績	496	日東紡績	137	帝人	402
東レ	399	(東邦レーヨン)	(110)	三菱レイヨン	289
クラレ	954	王子製紙	709	日本製紙	698
三菱製紙	244	北越製紙	917	旭化成工業	668
昭和電工	152	住友化学工業	505	三菱化学	364
日産化学工業	770	(ラサ工業)	(307)	日本曹達	360
東ソー	409	東亞合成	230	電気化学工業	440
信越化学工業	5480	(日本カーバイド工業)	(125)	(日本化学工業)	(370)
協和発酵工業	900	(日本合成化学工業)	(151)	宇部興産	269
日本化薬	606	(旭電化工業)	(844)	(日本油脂)	(238)
花王	2900	富士写真フイルム	3910	コニカ	897
資生堂	1289	三共	2550	武田薬品工業	6400
山之内製薬	5200	第一製薬	2620	大日本製薬	1388
塩野義製薬	1850	エーザイ	3260	テルモ	2995
J エナジー	116	日石三菱	600	昭和シェル石油	530
横浜ゴム	255	(東洋ゴム工業)	(147)	ブリヂストン	1478
旭硝子	1008	日本板硝子	1890	住友大阪セメント	521
太平洋セメント	173	東海カーボン	278	(日本カーボン)	(113)

225 銘柄と株価 (2)

銘柄	株価	銘柄	株価	銘柄	株価
(ノリタケカンパニー)	(480)	東陶機器	840	日本碍子	1475
(品川白煉瓦)	(206)	新日本製鐵	201	川崎製鐵	133
日本鋼管	69	住友金属工業	67	神戸製鋼所	67
(日本金属工業)	(109)	(日本冶金工業)	(70)	(日本電工)	(172)
(三菱製鋼)	(94)	古河機械金属	241	三井金属鉱業	845
東邦亜鉛	208	三菱マテリアル	342	住友金属鉱山	585
同和鉱業	313	日本軽金属	94	(志村化工)	(838)
古河電気工業	3370	住友電気工業	1948	フジクラ	905
(昭和電線電纜)	(288)	東洋製罐	1803	(東京製鋼)	(138)
クボタ	362	日本製鋼所	115	新潟鐵工所	78
オークマ	451	小松製作所	696	住友重機械工業	273
井関農機	88	荏原製作所	1554	千代田化工建設	88
(日本ピストンリング)	(108)	日本精工	839	エヌティエヌ	445
光洋精工	828	不二越	180	日立造船	94
三菱重工業	391	ミネベア	1345	カシオ計算機	1276
日立製作所	1305	東芝	1090	三菱電機	995
富士電機	400	明電舎	260	日本電気	3060
富士通	3010	沖電気工業	767	松下電器産業	2890
シャープ	1760	ソニー	11530	ＴＤＫ	15760
三洋電機	897	ミツミ	3990	パイオニア	4250
松下通信工業	14780	クラリオン	412	横河電気	1122
デンソー	2600	ユアサ	295	松下電工	1293
太陽誘電	6310	京セラ	18940	ファナック	11780
キャノン	4890	アドバンテスト	21750	三井造船	97
川崎重工業	120	石川島播磨重工業	160	日産自動車	542
いすゞ自動車	238	トヨタ自動車	4600	日野自動車	435
マツダ	250	本田技研工業	3790	スズキ	1137
富士重工業	726	三菱自動車工業	352	トピー工業	173
日本車輛製造	186	ニコン	3420	リコー	1911
シチズン時計	1186	凸版印刷	1056	大日本印刷	1689

5.1 日経平均株価

225銘柄と株価 (3)

銘柄	株価	銘柄	株価	銘柄	株価
ヤマハ	947	極洋	142	(ニチロ)	(169)
日本水産	187	(三井鉱山)	(93)	(住友石炭鉱業)	(80)
帝国石油	374	大成建設	163	大林組	434
清水建設	316	佐藤工業	51	飛鳥建設	41
フジタ	39	鹿島	331	鉄建建設	109
間組	52	東亜建設工業	123	青木建設	34
大和ハウス工業	704	熊谷組	40	伊藤忠商事	471
丸紅	287	トーメン	111	三井物産	719
住友商事	960	三菱商事	804	(西華産業)	(167)
日商岩井	113	(岩佐産業)	(210)	東京エレクトロン	14880
三越	357	東急百貨店	89	(丸善)	(395)
丸井	1703	イトーヨーカ堂	5380	ジャスコ	2075
セブンイレブン	7060	日本興行銀行	809	第一勧業銀行	801
さくら銀行	793	富士銀行	808	東京三菱銀行	1332
あさひ銀行	409	三和銀行	1008	住友銀行	1340
大和銀行	260	東海銀行	512	静岡銀行	901
三菱信託銀行	845	安田信託銀行	126	住友信託銀行	758
大和證券	1372	日興證券	1024	野村證券	2390
東京海上火災保険	1095	三井海上火災保険	548	住友海上火災保険	629
安田火災海上保険	550	日本信販	228	日本証券金融	610
三井不動産	1120	三菱地所	1064	平和不動産	281
京浜急行電鉄	418	東武鉄道	323	東京急行電鉄	559
小田急電鉄	390	京王電鉄	434	京成電鉄	271
東日本旅客鉄道	588	日本通運	605	(山九)	(93)
日本郵船	479	商船三井	219	川崎汽船	202
全日本空輸	355	三菱倉庫	840	(三井倉庫)	(204)
KDD	897	DDI	8280	NTTデータ	11500
NTT	1300	NTTドコモ	2870	東京電力	242
中部電力	184.7	関西電力	187.5	東京ガス	273
大阪ガス	276	東映	884	東京ドーム	502

5. 株価指標の数学

日本経済新聞社は 2000 年 4 月 15 日に, 日経平均株価を構成している 225 銘柄のうち, 30 銘柄を 2000 年 4 月 24 日から入れ替えると発表し, 実際に 24 日から入れ替えを実施した. 表の中で括弧 ( ) に入っているのは 24 日までは 225 銘柄に入っていたものである. また新しく採用された銘柄は太字で表してある.

この表の株価は, 額面 50 円に対する値に修正してある. 225 銘柄の中でほとんどは額面が 50 円であるためそのままであるが, 額面が 500 円の銘柄は以下の通りである.

KDD, 東京電力, 中部電力, 関西電力

額面が 5000 円の銘柄は DDI と, NTT データである.

額面が 50000 円の銘柄は 日本たばこ産業と, 東日本旅客鉄道と NTT と, NTT ドコモである.

さて, 日経平均株価の基礎になるこの表に現れた 225 個の株価の度数分布を描くと図 5.1 のようになる.

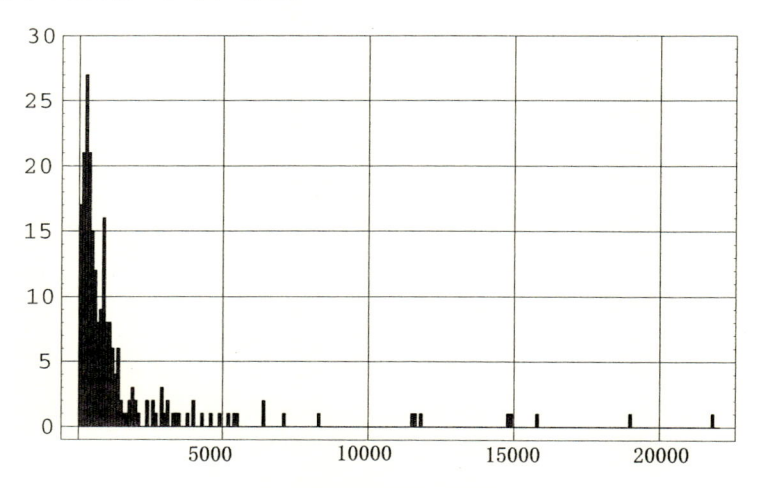

図 **5.1**: 225 銘柄の株価の度数分布 (1)

株価の低いところに大半の銘柄があるのに対し, ごく一部の銘柄の株価がきわめて高いのでこのような図になってしまう. 株価が 5000 円のところま

5.1 日経平均株価

でを改めて描いてみると次の図5.2になる．100円刻みでその範囲に入る株の銘柄数を表示している．

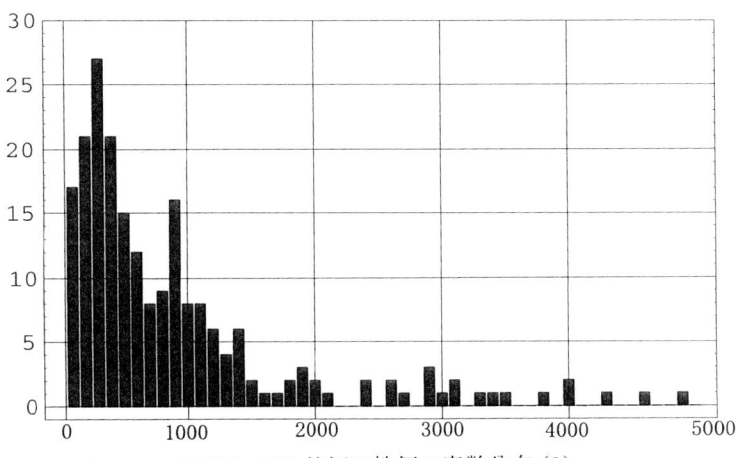

図 **5.2**: 225銘柄の株価の度数分布 (2)

株価1000円未満が154銘柄あり，これが225銘柄の68% 約7割を占めている．4月に30銘柄を入れ替える前は8割を占めていたので少しは改善されたというべきだろう．株価が1000円以上の銘柄は71銘柄あり，これが225銘柄中31.6% 約3割しかない．

このようなきわめて偏った分布の単純平均は，いろいろな弊害を生じたり，誤解をしやすい値となってしまう．額面を50円に統一した株価を225銘柄について加えると次の値が得られる．

$$225 \text{銘柄の株価の合計} = 265 + 1009 + 240 + \cdots + 276 + 884 + 502$$
$$= 344959 \tag{5.1}$$

この合計を単純に算術平均すると次のような値が得られる．

$$225 \text{銘柄の株価の単純平均} = \frac{344959}{225} = 1533.15 \tag{5.2}$$

大多数が小さい値であり，少数の値がきわめて高いという分布の平均値の場合に常に起こることであるが，平均値より小さい株価の銘柄が180銘柄で，

225 銘柄のうち 80% も占めている．平均株価より高い株価の銘柄は 45 銘柄だけであるが，この 45 銘柄が平均株価の値の半分を左右しているのである．

さらに株価が高い方から 10 銘柄を選んだ株価の合計は 136260 円で，これだけで 225 銘柄の合計株価の 39.5% 約 4 割も占めているのである．

上位 17 銘柄の株価の合計は 174520 円となり，これで全合計の半分以上を占めている．上位 17 銘柄によって平均株価の半分が左右されているという構造になっている．30 銘柄を入れ替える前は上位 50 銘柄で半分を占めていたのと比較すると，いっそう，少数の高い銘柄が大きな影響を持つようになったことがわかる．

さて，本題の「日経平均株価」の計算方法であるが，225 銘柄の株価の合計を 225 で割るのでなく，**日経平均除数** で割る．2000 年 8 月 31 日の時点では日経平均除数の値は 20.409 となっている．この「除数」は日本経済新聞に公表されている．したがってこの日の「日経平均株価」は次のように計算できる．

$$日経平均株価 = \frac{225\,銘柄の株価の総和}{20.409} = \frac{344959}{20.409} = 16902.30 \qquad (5.3)$$

ところが，新聞に出ている「日経平均株価」は 16901.67 円となっている．このわずかな違いは，新聞に掲載されている株価の終値の後に，**最終特別気配** が出た場合にはその株価を採用するからである．翌日の新聞の終値にはこの「最終特別気配」の値はのっていないのでわずかな差が生じるのである．「最終特別気配」の値については個々の銘柄について東京証券取引き所に問い合わせるしかない．

「日経平均株価」は，単純平均ならば 225 で割るところを，「日経平均除数」20.409 で割っている．この除数の意味はこの後で分析するとして，225 で割るところを 20.409 で割る違いはあるが，株価の高い 50 銘柄で「日経平均株価」の半数を支配していることには変わりがない．上位 10 銘柄で 40% を占めていることも同様である．「225 銘柄の平均株価」を単純に考えるならば 225 で割るところを，20.409 で割っているため普通の単純な平均よりもかなり高い値となる．16901.67 円を超えているのはたったの 2 銘柄しかない．

5.1 日経平均株価

225 銘柄の株価の合計を, 約 20 で割るということは, ある銘柄の株価が, たとえば 5300 円から 5400 円に 100 円値上がりすれば, 「日経平均株価」はほぼ 100 の 20 分の 1, つまり約 5 円値上がりすることになる.

「日経平均株価」が, 225 銘柄の株価の合計をある定数, 日経平均除数で割るということは, ある定数をかけるといっても同じことである. この値は次のように求められる.

$$\text{日経平均株価} = 225 \text{ 銘柄の株価の合計} \times \frac{1}{20.409} \tag{5.4}$$

$$= 225 \text{ 銘柄の株価の合計} \times 0.048998 \tag{5.5}$$

$$= 344959 \times 0.048998 \tag{5.6}$$

ここで,「株価の合計」× 一定数 であるから次のようにしても同じである.

$$\frac{225 \text{ 銘柄の合計}}{225} \times \text{一定数} \tag{5.7}$$

$$= 225 \text{ 銘柄の単純平均} \times \text{一定数} \tag{5.8}$$

ここでの「一定数」は「除数」から, 次のように求められる.

$$\frac{225 \text{ 銘柄の株価の合計}}{\text{除数}} = \frac{225 \text{ 銘柄の株価の合計}}{225} \times \text{一定数} \tag{5.9}$$

$$\text{一定数} = \frac{225}{\text{除数}} \tag{5.10}$$

この倍率を **修正倍率** といい, 今の例では次のような値になる.

$$\text{修正倍率} = \frac{225}{20.409} = 11.024548 \tag{5.11}$$

したがって,「日経平均株価」を計算するには次のようにしても同じである.

$$\text{日経平均株価} = 225 \text{ 銘柄の単純平均} \times \text{修正倍率} \tag{5.12}$$

$$= 225 \text{ 銘柄の単純平均} \times 11.024548 = 16902.30 \tag{5.13}$$

一般に，日経平均除数と修正倍率の関係は次のようになっている．

$$修正倍率 = \frac{225}{日経平均除数} \quad (5.14)$$

修正倍率の値も日本経済新聞に毎日のっているが，小数第 4 位を四捨五入して小数第 3 位までで表しているので，上の例では 11.025 となっている．この修正倍率を使うと，除数で割った日経平均とわずかに異なってくる．

$$日経平均株価 = 225 銘柄の単純平均 \times 修正倍率 \quad (5.15)$$
$$= \frac{344959}{225} \times 11.025 = 16902.99 \quad (5.16)$$

いずれにしても，日経平均株価は，225 銘柄の単純平均を 約 11 倍した値にほかならない．値が約 11 倍になっていること以外には単純平均と同じ性質を持っている．

ほかの銘柄の株価が変化なく，ある特定の銘柄の株価が A 円値上がりしたときの，日経平均株価の値上がりがどのくらいかを調べてみる．

$$新しい日経平均株価 = \frac{もとの株価の合計 + A}{除数} \quad (5.17)$$
$$= \frac{もとの株価の合計}{除数} + \frac{A}{除数} \quad (5.18)$$
$$= もとの日経平均株価 + A \times \frac{1}{除数} \quad (5.19)$$

2000 年 8 月 31 日時点での例では，除数 $= 20.409$ であるから次のようになる．

$$新しい日経平均株価 = もとの日経平均株価 + A \times 0.048998 \quad (5.20)$$

たとえば，各銘柄の株価が 10% 変化したとき，日経平均株価がいくら変化するかを考えると，株価の合計額の中に占める個々の銘柄の株価の割合によって決まる．株価の値の大きい銘柄と小さい銘柄の例を示しておく．

5.1 日経平均株価

表 5.2: 各株価の値上がりと日経平均株価の上昇

銘柄	株価	株価の10%上昇	日経平均株価の上昇
テスト	21750	2175	106.57
京セラ	18940	1894	92.80
TDK	16760	1676	82.12
東京エレクトロン	14880	1488	53.43
松下通信工業	14780	1478	72.42
ファナック	11780	1178	57.72
⋮	⋮	⋮	⋮
熊谷組	40	4	0.20
フジタ	39	3.9	0.19
青木建設	34	3.4	0.17

5.1.3　除数の計算方法

日経平均株価は，225 銘柄の株価の合計を，225 で割らないでなぜ 20.409 (2000 年 8 月 31 日) で割るのであろうか．これは，もっぱら株価指数の連続性を保つための計算方法である．代表的な 2 つの場合について調べてみる．

(1) 株式分割権利落ち

一番影響の大きいアドテストを選んで考えてみる．アドテストが 1 株を 1.2 株にする株式分割を行うとしよう．株の分割倍数が 1.2 倍である．株式の権利を有する株主を特定するための「権利確定日」から 5 日前が「権利付き最終日」となる．その次の日を「権利落ち日」という．権利付き最終日が 2000 年 8 月 30 日であるとすると，「権利付き最終価格」が 21750 円となる．

株式 1 株が 1.2 株に分割された後の価格が「権利落ち価格」である．これは実際に取引きが行われる価格ではないので，「権利落ち理論価格」と呼ばれる．

「権利落ち理論価格」の計算方法は，その会社の株式の時価総額が分割の前と後で変わらないということから求める方法である．したがって次の式が

成り立つ．

$$\text{権利付き最終価格} \times \text{発行株式数} = \text{権利落ち理論価格} \times \text{発行株式数} \times 1.2 \tag{5.21}$$

この式から，権利落ち理論価格は次のように求められる．

$$\text{権利落ち理論価格} = \frac{\text{権利付き最終価格}}{1.2} \tag{5.22}$$

$$= \frac{21750}{1.2} = 18125 \tag{5.23}$$

$21750 - 18125 = 3625$ 円の値下がりとなる．株主は所有する株数は 1.2 倍に増えるが，株価はそれに応じて下がり，所有している株の時価には変化がないという前提での計算である．

一般に権利落ち理論価格は次の式で求められる．

$$\text{権利落ち理論価格} = \frac{\text{権利付き最終価格}}{\text{株価の分割倍数}} \tag{5.24}$$

$$= \frac{\text{権利付き最終価格}}{1 + \text{割り当て率}} \tag{5.25}$$

日経平均株価は株価のみの単純平均をもとにしているので，もしアドテストの株価が権利落ち理論価格で取引きされたとすると，225 銘柄の株価の合計は次のように少なくなる．

$$344959 - 3625 = 341334 \tag{5.26}$$

この合計を前の除数 20.409 で割ると日経平均株価は次の値になる．

$$\frac{\text{株価の合計}}{\text{除数}} = \frac{341334}{20.409} = 16724.68 \tag{5.27}$$

アドテストが株式分割する前の日経平均株価 16902.30 に対して，分割後の日経平均株価が $16902.30 - 16724.68 = 177.62$ 円下がることになってしまう．株式分割は1株の価格が下がるので購入しやすくなるなどのメリットがあるが，それによって，経済指標の中で大事な指数である株価指数が変わっては不便であるという考えがありうる．

5.1　日経平均株価

そこで分割の前後で，すなわち権利付き最終価格による日経平均株価と，それを権利落ち理論価格で置き直した日経平均株価が変わらないように除数を調整するのである．新しい除数を次のように日経平均株価が変わらないという式から定める．

$$\text{日経平均株価} = \frac{\text{権利付き最終価格を含む株価の合計}}{\text{古い除数}} \tag{5.28}$$

$$= \frac{\text{権利落ち理論価格を含む株価の合計}}{\text{新しい除数}} \tag{5.29}$$

この式から新しい除数を求める式が得られる．

$$\text{新しい除数} = \text{古い除数} \times \frac{\text{権利落ち理論価格を含む株価の合計}}{\text{権利付き最終価格を含む株価の合計}} \tag{5.30}$$

今扱っている例で新しい除数を求めると，次のようになる．

$$\text{新しい除数} = 20.409 \times \frac{341334}{344959} = 20.195 \tag{5.31}$$

権利落ち理論価格を含む株価の合計をこの新しい除数で割れば，日経平均株価が得られるが，アドテストの株の分割によって値は変わっていない．このとき新しい修正倍率は次の値になる．

$$\text{新しい修正倍率} = \frac{\mathbf{225}}{\text{新しい除数}} \tag{5.32}$$

$$= \frac{225}{20.195} = 11.1414 \tag{5.33}$$

権利付き最終価格と権利落ち理論価格との差を **権利価格** という．

$$\text{権利価格} = \text{権利付き最終価格} - \text{権利落ち理論価格} \tag{5.34}$$

変形すれば次のようにも表せる．

$$\text{権利落ち理論価格} = \text{権利付き最終価格} - \text{権利価格} \tag{5.35}$$

この権利価格を使うと，新しい除数は次のようにも表せる．

$$\text{新しい除数} = \text{古い除数} \times \frac{\text{権利付き最終価格を含む株価の合計} - \text{権利価格}}{\text{権利付き最終価格を含む株価の合計}} \tag{5.36}$$

(2) 有償増資の権利落ち

アドテストが有償増資を，有償割り当て率 0.5，1 株当たりの払い込み金額 50 円で行ったとする．

このような有償増資が行われると，1 株を所有していた場合に，権利落ち後に 1.5 株持っていることになる．新たな 0.5 株を得るための払込金 $50 \times 0.5 = 25$ 円を持っていることになるので，権利落ち理論価格は次の式によって定められる．

$$権利付き最終価格 + 1 株当たりの払い込み金額 \times 割り当て率$$
$$= 権利落ち理論価格 \times (1 + 割り当て率) \tag{5.37}$$
$$21750 + 25 = 権利落ち理論価格 \times 1.5 \tag{5.38}$$

この式から，権利落ち理論価格は次のように求められる．

$$権利落ち理論価格$$
$$= \frac{権利付き最終価格 + 1 株当たりの払い込み金額 \times 割り当て率}{1 + 割り当て率} \tag{5.39}$$

$$権利落ち理論価格 = \frac{21750 + 25}{1 + 0.5} = 14516.7 \tag{5.40}$$

あとは株式分割の場合と同様に新しい除数が次のように定まる．

$$新しい除数 = 古い除数 \times \frac{権利落ち理論価格を含む株価の合計}{権利付き最終価格を含む株価の合計} \tag{5.41}$$

$$= 20.409 \times \frac{344959 - (21750 - 14516.7)}{344959} = 19.981 \tag{5.42}$$

銘柄の入れ替え，そのほかによる変更についても，変更の前と後とで日経平均株価が変化しないようにという方針で除数を調整するのが日経平均株価の除数である．

5.1.4 日経平均株価の特徴

(1) 平均株価の連続性を重視する計算方式のために，数十年にわたり除数が更新された結果，日経平均株価が現在の 225 銘柄の単純平均株価の 10 倍と

いう値になっており，「平均株価」としての意味がほとんどなくなっている．

(2) 単純平均の10倍という計算のために，本来の単純平均株価が10円値上がりしただけで「日経平均株価」は100円の値上がりとなってくる．

(3) 東京株式第1部の銘柄1415の株価に対して，225の銘柄は16%であり，全体の平均株価の変動と225銘柄の平均株価の変動についての関連性については詳細な検討が必要である．2000年8月31日の株式第1部の単純平均は612.65円であるのに対して，225銘柄の単純平均は1533.15円である．

(4) 日経平均株価は発行株数は一切考慮せず，株価の単純平均をもとにしており，株価を変化させやすい銘柄(品薄株など)の変化に敏感に反応する．

(5) 日経平均株価の変化の半分は，225銘柄の中で株価の高い17銘柄の株価の変化によって決まってくる．たとえば，この17銘柄の単純平均株価が2割高くなり，ほかの208銘柄の株価に変化がなければ，225銘柄全体の単純平均株価は1割高くなる．225銘柄の単純平均株価が1500円のときは150円高くなる．「日経平均株価」が16000円のときはその1割，1600円の値上がりとなる．

5.1.5 225銘柄のうち30銘柄を入れ替え

日本経済新聞社は，日経平均株価を構成している225銘柄のうち，30銘柄を2000年4月24日から入れ替えている．

毎年数個の銘柄の入れ替えは行ってきたが，1割以上の銘柄を入れ替えるのは9年ぶりである．日本経済新聞社は今回30銘柄を入れ替えるだけでなく，今後の入れ替えの方針についても見解を発表している．「改訂基準の骨子」としてあげられているのは次の4点である．

(1) 構成銘柄の採用候補を市場流動性で見て上位450銘柄とし，上位75銘柄は自動的に採用する．

(2) 採用候補の450銘柄を6セクター(技術，金融，消費，素材，資本財・その他，運輸・公共)に分類し，セクターごとの銘柄数から妥当数を決める．

(3) 原則として年1回，採用銘柄を見直し，各セクターの採用銘柄数を妥

表 5.3: 採用・除外銘柄

採用	除外
日本たばこ産業	ニチロ
花王	三井鉱山
第一製薬	住友石炭鉱業
エーザイ	日本甜菜製糖
テルモ	ホーネンコーポレーション
TDK	富士紡績
ミツミ電機	東邦レーヨン
松下通信工業	ラサ工業
アドバンテスト	日本カーバイド工業
カシオ計算機	日本化学工業
ファナック	日本合成化学工業
京セラ	旭電化工業
太陽誘電	日本油脂
松下電工	東洋ゴム工業
三菱自動車工業	日本カーボン
富士重工業	ノリタケカンパニーリミテド
東京エレクトロン	品川白煉瓦
セブンイレブン・ジャパン	日本金属工業
イトーヨーカ堂	日本冶金工業
ジャスコ	日本電工
日本興行銀行	三菱製鋼
大和銀行	志村化工
東海銀行	昭和電線電纜
静岡銀行	東京製鋼
住友信託銀行	日本ピストンリング
安田信託銀行	西華産業
住友海上火災保険	岩谷産業
東日本旅客鉄道	丸善
DDI	山九
NTTドコモ	三井倉庫

5.1 日経平均株価   125

当数に合わせる (リバランスの実施).

(4) 市場流動性を測る尺度を, (i) 過去5年間の売買代金, (ii) 同じく売買高当たりの価格変動率とする.

5.1.6　30銘柄の入れ替えによる日経平均株価の下落

日経新聞社が30銘柄を入れ替えた意図はともかくとして, 結果的には大幅入れ替えによって日経平均株価はその後下落しつづけている.

2000年1月から7月までの日経平均株価の月中平均を示すと次のようになっている. 資料は日本経済新聞社による.

表 5.4: 日経平均株価の変化

2000年 (月)	月中平均
1	18941.61
2	19685.53
3	19834.72
4	19517.67
5	17039.97
6	16969.28
7	16959.93

5月以降の日経平均株価の下落が, ほんとうに株価が下落しているのではなく, 単に30銘柄を入れ替えたことによる人為的な下落に過ぎないことを示すいくつかの根拠をあげておこう.

(1) 225銘柄を入れ替え前の銘柄で計算する.

30銘柄を以前の銘柄に置き換えて日経平均株価を算出してみよう. 2000年8月の225銘柄の株価の和は次の値になる.

$$225 \text{銘柄の株価の合計} = 265 + 1009 + 147 + \cdots + 276 + 884 + 502$$
$$= 197040 \tag{5.43}$$

ここで，日経平均除数をいくつにするのがよいかを考える．除数は株式分割や有償増資などがあったとき変更になるが，それほど頻繁に行われるものではないし，複数の銘柄で一斉に行われることもない．除数は 2000 年 4 月 24 日で，20.341 であり，8 月 30 日で，20.409 であり，大きな変化はない．

30 銘柄を入れ替える前の除数は 10.180 であった．この除数を入れ替え前の 225 銘柄について適用すると，8 月 30 日の「旧銘柄による日経平均株価」は次のようになる．

$$\text{「旧銘柄による日経平均株価」} = \frac{197040}{10.180} = 19355.62 \tag{5.44}$$

この値は 4 月 24 日の日経平均株価 18480.15 円よりも高い値になってさえいる．もし，30 銘柄を入れ替えていなければ，8 月 30 日の日経平均株価は 16000 円台ではなく 19000 円台になっていることはほとんど明白である．

(2) 全銘柄の単純平均，TOPIX の下げ幅との比較

TOPIX については次の節で扱うが，東京証券取引所 1 部の全銘柄の，発行株価数の重みつき平均値である．また，全銘柄の単純平均を調べてみる．

表 5.5: TOPIX, 単純平均との比較

	3 月 28 日	4 月 24 日	8 月 30 日
TOPIX	1680.76	1660.81	1518.85
単純平均	692.71	693.70	612.65
日経平均株価	20374.34		
日経平均株価 (1)	20374.34		18411.65
日経平均株価 (2)	20374.34		18019.67

表の「日経平均株価 (1)」は，TOPIX が 3 月から 8 月に，9.6% 減ったのと同じ割合で減ったとした場合の，8 月での日経平均株価である．

「日経平均株価 (2)」は，単純平均が が 3 月から 8 月に，11.6% 減ったのと同じ割合で減ったとした場合の，8 月での日経平均株価である．

TOPIX と比較しても，単純平均と比較しても，日経平均株価は下がりすぎていることがわかる．

5.1 日経平均株価

(3) 30 銘柄の一時的な急上昇による除数の異常性

新たに採用された 30 銘柄の, 3 月 28 日, 4 月 24 日, 8 月 30 日の株価を表にしてみる.

30 銘柄の入れ替え前の 3 月末と, 入れ替え後の 4 月 24 日を比較すると, 全銘柄の単純平均はほとんど同じで変化がなく, TOPIX の値は少し小さくなっているのに, 30 銘柄中 27 銘柄がこの間に増加している. 30 銘柄トータルでは 17% の増加になっている.

この増加の原因が新たに 30 銘柄に採用されるという一時的な要因によることは 8 月 30 日の株価が, 3 月 28 日の株価とほとんど同じであることからもわかる.

このような, 全く一時的に上昇したときの株価を基準にして新しい除数を定めたために, 一時的な上昇が元へ戻ると, 日経平均株価は以前よりも低くなるのは当然のことである.

ここで, 30 銘柄の株価を, 3 月 28 日の株価で評価した場合の, 本来あるべき自然な新しい除数を求めてみよう.

4 月 24 日の, 30 銘柄を入れ替えたときの 225 銘柄の株価の総和は 375905 円であるが, 30 銘柄の株価を 3 月 28 日に置き換えると, 349049 円となる. この値に対して日経平均株価が 4 月 24 日の 18480.15 円になるための望ましい新除数は次のように求められる.

$$\text{「望ましい新除数」} = \frac{349049}{18480.15} = 18.888 \tag{5.45}$$

この「望ましい新除数」で 4 月 24 日の「日経平均株価」を求めると次のようになる.

$$\frac{375905}{18.888} = 19901.79 \tag{5.46}$$

連続性は, 短期的には保たれないように見えるが, 8 月 30 日の日経平均株価になると次のように自然な値となってくる.

$$\frac{344959.2}{18.888} = 18263.41 \tag{5.47}$$

表 5.6: 新規 30 銘柄の株価の推移

銘柄	3月28日	4月24日	8月30日
日本たばこ産業	765	854	820
花王	3230	3440	2900
第一製薬	1541	1845	2620
エーザイ	2680	3220	3260
テルモ	2810	3630	2995
カシオ計算機	1114	1211	1276
TDK	14140	15820	15760
ミツミ	3610	4370	3990
松下通信工業	18600	19310	14780
松下電工	1000	1175	1293
太陽誘電	6290	7960	6310
京セラ	16000	18500	18940
ファナック	10310	11800	11780
アドバンテスト	19460	24360	21750
富士重工	815	836	726
三菱自動車工業	458	375	352
東京エレクトロン	15450	17900	14880
イトーヨーカ堂	7610	8330	5380
ジャスコ	1480	1920	2075
セブンイレブン	11650	15000	7060
日本興行銀行	905	987	901
大和銀行	298	307	260
東海銀行	636	596	512
静岡銀行	863	1001	901
安田信託銀行	138	155	126
住友信託銀行	836	854	758
住友海上火災保険	503	580	629
東日本旅客鉄道	536	598	588
DDI	8570	13000	8280
NTTドコモ	4300	3520	2870
合計	156598	183454	154680

5.1 日経平均株価

　いくつかの視点から検討したが,「株価の変動を合理的に表す一般的な指数」としては今回一度に30銘柄も,事前に公表して入れ替えるのは適切ではなかったといえよう.このような問題を回避するには,「入れ替え銘柄を事前に公表しないで即日実施する」とするのも一つの方法である.このような方法をとれば,連続性も保たれるし,新採用銘柄の株価が一時的に高くなってもそれがそのまま日経平均株価に反映されるだけで,元に戻れば日経平均株価も元に戻り,特別な問題は生じない.

　本書の,「ファイナンス数学 基礎講座」の領域を出ているかもしれないが,関係者の綿密な分析を期待している.今後の入れ替えに生かしてほしいものである.

5.1.7　新たに6銘柄の入れ替え

　本書の校正段階の2000年9月8日,日本経済新聞社は日経平均株価の算出基準となっている225銘柄のうち6銘柄を入れ替えると発表した.銘柄の入れ替えによる日経平均株価の推移に注目してほしい.

表 5.7: 日経平均株価の入れ替え銘柄

実施日	旧銘柄	新銘柄
2000年9月22日	日本興行銀行 第一勧業銀行 富士銀行	横浜銀行 東洋信託銀行 新光証券
2000年9月26日	KDD	アルプス電気
2000年10月2日	鉄建建設 日本証券金融	みずほホールディングス セコム

　9月22日の入れ替えは,日本興行銀行,第一勧業銀行,富士銀行が共同持ち株会社である「みずほホールディングス」を設立し,上場が廃止になることによる.26日の入れ替えは,KDDがDDIと合併し,上場廃止になるためである.10月2日の入れ替えは「定期見直し基準」によるが,3行の共同持ち株会社になった「みずほホールディングス」を採用している.3行とも現在採用銘柄であることによる.

5.2 TOPIX(東証株価指数)

5.2.1 TOPIXの計算方法

TOPIX は Tokyo Stock Price Index の略であり，1968 年 (昭和 43 年)1 月 4 日の時価総額を基準として 100 とし，現在の時価総額を表す指数である．対象となる銘柄は第 1 部上場のすべての会社 (2000 年 8 月 31 日の時点で 1415) である．

時価総額とは，株価に上場株式数をかけた値であり，株価だけでなく株式数を評価する点が日経平均株価と大きく異なる点である．

$$\begin{aligned}時価総額 &= 銘柄\ X_1の株価 \times 銘柄\ X_1の上場株式数 \\ &\quad + 銘柄\ X_2の株価 \times 銘柄\ X_2の上場株式数 \\ &\quad + \cdots + 銘柄\ X_{1415}の株価 \times 銘柄\ X_{1415}の上場株式数 \\ &= \sum_{k=1}^{1415} 銘柄\ X_kの株価 \times 銘柄\ X_kの上場株式数\end{aligned} \tag{5.48}$$

2000 年 8 月 31 日時点での第 1 部の時価総額は次のような値である．

$$時価総額 = 408{,}340{,}262{,}737{,}338 \tag{5.49}$$

このときの基準時価総額は次の値である．

$$基準時価総額 = 27{,}016{,}659{,}906{,}019 \tag{5.50}$$

TOPIX の値は次の式で求められる．

$$\boldsymbol{TOPIX} = \frac{現在の時価総額}{基準時価総額} \times \boldsymbol{100} \tag{5.51}$$

これから 2000 年 8 月 31 日の TOPIX の値は次のように計算できる．

$$TOPIX = \frac{408{,}340{,}262{,}737{,}338}{27{,}016{,}659{,}906{,}019} \times 100 = 1511.44 \tag{5.52}$$

5.2 TOPIX(東証株価指数)

5.2.2 基準時価総額の修正

ある銘柄が株式分割をたとえば 1 株を 1.2 株に分割したとき,株価 × 株数 が普変という考えから,株価は低くなると考える.日経平均株価の計算は上場株式数には無関係なので調整が必要であった.

TOPIX の計算では 株価 × 株数 の値を基礎にしているので,何の修正も必要としない.

しかし,新規に上場される銘柄があったり,廃止される銘柄がある場合,さらに有償増資権利落ちなどがある場合には,株式の市場変動以外の要因で時価総額が変わり,TOPIX の値も変わってしまう.

そこで,市場変動要因以外の時価総額の変動は起こらないように,基準時価総額を変更するのが TOPIX の計算方法である.この考えは日経株価平均と同様に,指数の連続性を保持しようとするために行われる措置である.具体的には次の式が成り立つように新しい基準の時価総額を定める.

$$\frac{修正日前日の時価総額}{古い基準時価総額} = \frac{修正日前日の時価総額 \pm 修正額}{新しい基準時価総額} \tag{5.53}$$

新しい基準時価総額を求める,具体的な計算例を示しておく.2000 年 8 月 31 日の時価総額が 408,340,262,737,338 円であった.翌日に公募新株の追加があって,株価が 2000 円の株が 5000000 株増加したとする.この公募新株の追加により,時価総額は次のように増加する.

$$408,340,262,737,338 + 2000 \times 5,000,000 = 408,350,262,737,338 \tag{5.54}$$

ほかのすべての銘柄の株価も株数も変化がないとして,基準時価総額を変更しないと TOPIX の値は次のように変化する.

$$\text{TOPIX} = \frac{408,340,262,737,338}{27,016,659,906,019} \times 100 = 1511.44 \tag{5.55}$$

$$\Longrightarrow \frac{408,350,262,737,338}{27,016,659,906,019} \times 100 = 1511.48 \tag{5.56}$$

株の売買による株価の変化を表す指標が,公募新株の追加によって変化するのは好ましくないと考える.そこで,公募新株の追加によって TOPIX の

値が変わらないようにするには，新しい「基準時価総額」を設定するしかない，という考えで次の式から新しい基準時価総額を算出する．

$$1511.44 = \frac{408,350,262,737,338}{新しい基準時価総額} \times 100$$

$$新しい基準時価総額 = \frac{408,350,262,737,338}{1511.48} \times 100$$

$$= 27,016,583,926,836 \tag{5.57}$$

時価総額 408,350,262,737,338 をこの新しい基準時価総額で割れば，TOPIX の値は 1511.44 のままである．

式 (5.53) を変形して，新しい基準時価総額を表す式を次のように作っておいてもよい．

$$
\begin{aligned}
&新しい基準時価総額 \\
&= (修正日前日の時価総額 \pm 修正額) \times \frac{古い基準時価総額}{修正日前日の時価総額} \\
&= 古い基準時価総額 \times \frac{(修正日前日の時価総額 \pm 修正額)}{修正日前日の時価総額} \\
&= 古い基準時価総額 \times \left(1 + \frac{\pm 修正額}{修正日前日の時価総額}\right) \\
&= 古い基準時価総額 \pm 修正額 \times \frac{古い基準時価総額}{修正日前日の時価総額}
\end{aligned}
\tag{5.58}
$$

5.2.3 TOPIX の特徴

(1) 日経平均株価のように 225 銘柄に限定せず，第 1 部上場の銘柄すべてを対象としているので全体の動きが表されている．

(2) 日経平均株価のように単に株価だけを指標とするのでなく，上場株式数をかけているので重要な大型株の動きを的確に反映している．上場株式数は少ないが株価は高い値嵩株の影響が極端に作用することがない．

(3) 基準時が，昭和 43 年 1 月 4 日と比較的新しいため，上場株式数による加重の平均株価と大きな隔たりがない．

演習問題　5

[1] 昨日が平日であるとして，今日の新聞から次の値を読み取れ．一部は日本経済新聞でないとのっていない．
　(1) 昨日の最終の日経平均株価はいくらか．
　(2) 昨日の最終の TOPIX の値はいくらか．
　(3) 昨日の段階での日経平均除数はいくらか．
　(4) 昨日の段階での日経平均株価の修正倍率はいくらか．

[2] インターネットで探して，日経平均株価のもとになっている 225 銘柄が本書にのっているのから入れ替えがあるかどうか調べよ．

[3] 単純平均株価と日経平均株価が大きく異なるのはなぜか．

[4] 日経平均株価のもとになっている 225 銘柄のうち，発行株数が少ない銘柄が 30 円値上がりしたのと，発行株数がきわめて多い銘柄が 30 円値上がりしたのでは，日経平均株価に違いが出るか．

[5] TOPIX のもとになっている東京株式の第 1 部上場の銘柄のうち，発行株数が少ない銘柄が 30 円値上がりしたのと，発行株数がきわめて多い銘柄が 30 円値上がりしたのでは，TOPIX の値に違いが出るか．

[6] 日経平均株価の特徴を述べよ．

[7] TOPIX の特徴を述べよ．

6. 数学のまとめ

6.1 量と数と式

6.1.1 連続量と分離量

量 というのは, 重さ, 体積, 速さ, 密度, 人口, 人口密度, 元金, 利率などのように, 自然科学や社会科学・経済学・金融に現れる具体性を持った概念である. これらの具体的な性質はそれぞれの分野で定義が明確にされ, その性質が分析される.

これらの量の特徴はそれぞれが「大きさの側面」を持っていることである. 3g, 4cm^3, 200km/h, 15万人, 1 km^2 当たり 365 人, 10万円, 2% などに現れる, 3, 4, 200, 150000, 365, 100000, 2 などがその大きさの側面である.

このような「量の大きさの側面」を表したのが数学で扱う「数」である. 数はたくさんの具体的な量から抽象化された抽象的な概念である. 量の解析と数の解析は互いに助け合って深まっていく.

量にはいくらでも細かく分けていける 連続量 と, それ以上分割すると量でなくなってしまう 分離量 とがある.

分離量にはそれ以上分けられないという最小の量があり, それを単位とする. 最小の単位量を表す数が 1 である. 分離量の大きさを表すのが 1, 2, 3, 4, … という自然数である.

負の量は基準に対して不足している量, 反対方向や反対の性質を持つ量から来ている. マイナス 3 万円を所有しているというのは, 3 万円の借金があるということを意味する. 一定の額の所持金を基準にしてそれより多い金額をプラス, 少ない金額をマイナスで表すのも便利である.

負の分離量の大きさを表すのが数学の負の自然数である. 基準になる量を

0 で表す．正の自然数, 負の自然数, 0 を合わせて **整数** という．

連続量は原理的には無限に細分できるので，最小の単位が存在しない．そこで人為的に単位を設定しなければならない．人によって，地域によって，国によって単位が異なると不便である．そこで世界的に共通の単位を設定するようになってきた．

設定した単位より小さい量を表すのに小数と分数がある．整数と整数を用いた分数を有理数というが，有理数は小数で表すと有限で終わるか，無限に続く循環小数となる．

円周率の π, $\sqrt{2}$, 自然対数の底 e のような数は小数で表すといつまでたっても循環しない無限小数となる．

6.1.2　外延量と内包量

外延量 はその名の通り，外に伸びた量であるが，これだけではわかりにくい．はじめにいくつかの外延量の例をあげておく．

重さ, 体積, 長さ, 資本金, 国民所得, 権利金, 株価, オプション料, 元金, 利息などは外延量である．

外延量と対比されるのが **内包量** である．内包量は内に包み込む量ということであるがこれだけではわかりにくい．内包量は性質とか能力とか率，濃度などの物の性質を表す量である．ここでも例をあげた方がはやい．

濃度, 温度, 速度, 利率, 人口密度, 収益率, 指数, 成長率, 為替のレートなどは内包量である．

たいていの内包量は 2 つの外延量から導かれる．たとえば濃度についてみると，体積と質量が関係し，単位体積当たりたとえば 1cm^3 当たりの重さ g で表せる．

収益率は投資額 1 単位当たりの収益であるし，利率は元金 1 単位当たりに対する利息の額である．

6.1.3 量と演算

水と容器の重さを合わせて 500g あるところへ, 50cm^3, 40g の木を浮かべたら秤は何 g をさすだろうという問題に対して, アルキメデスの原理を思い出したりするとかえって間違った答えを導きかねない.

秤の上にのっているものは浮かんでいたり溶けていたり泳いでいたりと, どのような状態でも重さは全部秤にかかってくるのである.

$$500 + 40 = 540 \tag{6.1}$$

という足し算は重さについては成り立つのである. このように, 物の合併と数の足し算が対応するという性質が外延量の特徴である. 小学校以来学んできた足し算引き算は, 外延量の合併に使える演算だったのである.

これに対して, 内包量は掛け算と割り算に関係している. 2 つの外延量 A, B に対して, B の単位当たりに対する A の量, すなわち内包量を求める計算が割り算である. 投資金額 200 円に対して収益が 50 円あるとき, 投資金額 1 円当たりの収益を求めるのに, 50 を 200 で割って得られる 0.25 は, 1 円当たりの投資額に対する収益を表す. この内包量を **収益率** というのである.

走った距離を時間で割って単位時間当たりの距離として速度を表すのも, 割り算で内包量を求める例である.

一方, 速度に時間をかけて距離を求める計算は, 内包量と外延量 B から外延量 A を求める演算であり, 数学の掛け算がこれを表していたのである.

6.1.4 文字と式

数学では文字をいろいろな意味に使う. 1 つは **任意の定数** として使う. たとえば, 三角形の面積の公式は次のように表せる.

$$\text{「面積」} = \frac{1}{2} \times \text{「底辺」} \times \text{「高さ」} \tag{6.2}$$

「底辺」と「高さ」にはいろいろな数値が入り, 上の計算によってその都度「面積」が得られる. これらは日本語の文字であるが, 数学では普通これ

を英語のアルファベット a, h, S を用いて表す.

$$S = \frac{1}{2} \times a \times h = \frac{ah}{2} \tag{6.3}$$

1つの三角形を確定すれば a, b, S が定まるので, 定数ではあるが任意の数をとりうる.

これに対して, 方程式における未知数はある定まった値であるが, 当面はどのような値かがわからないので文字を使っておくという使い方である. □に何が入るかわからないが, ある関係式が成り立つことはわかっている.

$$2 \times □ + 3 = 10 \tag{6.4}$$

ここでわからない数 x と表して, □ の代わりに使うのが普通である.

$$2x + 3 = 10 \tag{6.5}$$

「任意の定数」としての働きと, 「未知数」としての働きは容易に転化しうる. たとえば, 底辺が 10cm で面積が 20cm^2 の三角形を作りたいとき, 高さをいくらにすればよいかという問題では, $a = 10, S = 20$ とおいて得られる式が, 未知数 h に対する方程式となる.

$$20 = \frac{10h}{2} \tag{6.6}$$

もう一つの文字の使い方は **変数** である. はじめに 3m のところにいて, 毎秒 2m の速さで動いている物体の動きを表すのに, 次々変化していく時間を x 秒で表して, そのときの位置を ym で表すと次のような式になる.

$$y = 2x + 3 \tag{6.7}$$

ここでは変数 x にいろいろな値を入れてその変化を調べることができる. これらの数学における文字の働きは, 一応独立してはいるが相互に転化する場合が多い. 変数だと思っていたのが未知数となったり任意の定数になることもある.

たとえば上の変数 x, y の関係式があるとき, ある特定の $y = 10$ となるときの x の値を求めたいということになれば, $2x + 3 = 10$ となる x を求めることになり, ここでは x は未知数に転化する.

数学を学ぶときこのような文字のいろいろな働きを考えながら学ぶとわかりやすい.

6.2 関数と方程式

6.2.1 関数の概念

自然科学においても社会科学においても, さらには金融論においてもいくつかの量は複雑に関係し合っている. 簡単な場合には, ある量がほかの量から一定の法則で導かれることがある. これは諸科学における量の法則である.

たとえば, 年利率が一定の 0.4% (0.004) のときに, 元金 x 円と利息 y 円の間には一定の法則がある.

$$y = 0.004x \tag{6.8}$$

これは金融における量の法則であるが, 毎秒 0.004m 進む虫がいたとき, 虫が歩いた時間 x 秒と歩いた距離 ym についても同様の式が成り立つ.

数学で扱う **関数** は, 元金とか利息, 何秒とか何 m という具体的な量を捨象して単に,「0.004 を変数 x にかけて y が得られる」という, 変数と変数の間の一般的な法則を示している.

x が入力されたとき, 0.004 をかけてやって出力する働きともいえる. 関数のことを英語で function というが, これは「機能」とか「働き」を意味する日常用語でもある. $y = 2x + 3$ という関数では, 入ってきた数に 2 をかけて 3 を足して出してやるという機能がある. この機能そのものを記号で表したのが f である.

この記号を使うと関数は $f(x) = 2x + 3$ のように表せ, $x = 5$ のときの値自身も $f(5)$ で表せるので便利である.

6.2 関数と方程式

関数の概念をわかりやすく表すのが次のようなブラックボックスである．

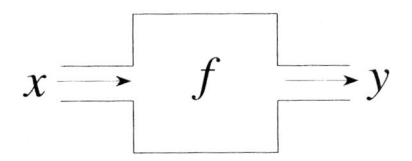

$$x \longrightarrow \boxed{f} \longrightarrow y$$

図 **6.1**: 関数を表すブラックボックス

ブラックボックスの中身は数学では重要ではないが，諸科学では大事な意味を持つことが多い．2 をかけるとはどういう意味か，3 を足すのはなぜか常に考えることが必要である．数学ではもっぱら x と y の関係について解析する．この解析はもちろん諸科学で活用できるのである．

6.2.2 関数のグラフ

関数の変化を解析するのに，式だけ扱っていてもイメージがわかないことがある．関数の変化を視覚化してイメージを豊かにするとわかりやすくなる．

関数 $y = f(x) = 0.8x + 2$ を調べるのに，はじめに x にいろいろな値を入れたときの y の値を調べ，表にまとめてみる．

表 **6.1**: 関数 $y = f(x) = 0.8x + 2$ の数値

x	−1	−0.5	0	0.5	1	1.5	2	2.5	3	3.5	4
$y = f(x)$	1.2	1.6	2.0	2.4	2.8	3.2	3.6	4.0	4.4	4.8	5.2

関数のグラフというのは x 軸の各点から高さが $f(x)$ の棒を立てて行く．点をとる幅を次第に小さくしていくと棒がベターとつながってくる．そのとき柔らかい紐をのせると棒の先端に触れながらなめらかにつながっていく．これが関数のグラフである．

点 $(x, f(x))$ の軌跡であるといっても同じであるが，$f(x)$ という量がグラフの上で何を表しているのかわかりにくい人がいるので棒を立てて説明したのである．

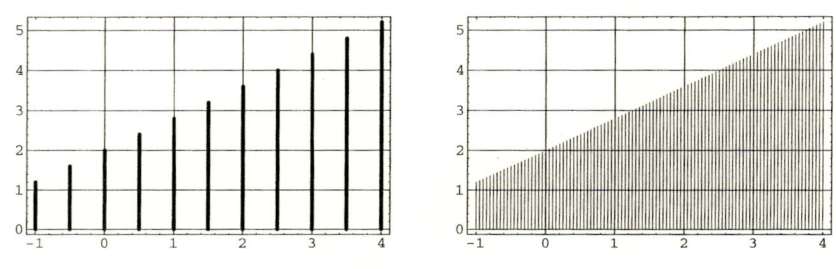

図 **6.2**: 関数のグラフができる過程

6.2.3　方程式

x を未知数とする方程式を解く方法を考えよう.

$$3.54x + 2.98 = 24.57 \tag{6.9}$$

方程式を解く最も基本的で大事な方法というのは, x にいろいろな値を入れて左辺の $3.54x+2.98$ がいくらになるかを計算するのである. 試行錯誤を繰り返し, 24.57 になるべく近い値になるように x を見出していくのである.

このような方法は **実験的解法** といえるが, 今まで見たこともない方程式を目の前にしたときは思い出してみる価値がある.

数学としては解が常に求められる場合には, 解の公式や, 解を得るためのアルゴリズムを与えてくれる. $3.54x+2.98=24.57$ でいえば, 両辺から 2.98 を引いても等しいので次のように変形される.

$$3.54x = 24.57 - 2.98 = 21.59 \tag{6.10}$$

このような変形を「2.98 の符号を変えて右辺にうつす」などと形式的な方法だけが記憶に残るような教え方は落第である. 新しい問題に立ち向かう力を育てることを阻害している. それはさておき今度は両辺を 3.54 で割ることにより x が求められる.

$$x = \frac{21.59}{3.54} = 6.09887\cdots \tag{6.11}$$

6.2 関数と方程式

このような方程式を **1次方程式** という．一般には文字を用いて次のように表せる．

$$ax + b = c \tag{6.12}$$

この方程式の解は次のようになる．

$$x = \frac{c-b}{a} \tag{6.13}$$

もちろんこれがきちんとした解になるためには a が 0 であっては困る．上の解は $a \neq 0$ のときの一般的な解である．

$a = 0$ のときは $0x = c - b$ となるので，$c - b = 0$ のときは **任意の数** が解となる．この場合を **不定** という．

$0x = c - b$ で $c - b \neq 0$ ならば x に何を入れても成立しないので **解がない** という．あるいは **不能** ということもある．

次の方程式は **2次方程式** と呼ばれる．

$$ax^2 + bx + c = 0 \tag{6.14}$$

2次方程式は次のようにして解を求めることができる．

$$a\left(x^2 + 2\frac{b}{2a}x + \frac{b^2}{4a^2} - \frac{b^2}{4a^2}\right) = -c \tag{6.15}$$

$$a\left(x + \frac{b}{2a}\right)^2 = \frac{b^2}{4a} - c \tag{6.16}$$

$$\left(x + \frac{b}{2a}\right)^2 = \frac{b^2 - 4ac}{4a^2} \tag{6.17}$$

$$x + \frac{b}{2a} = \frac{\pm\sqrt{b^2 - 4ac}}{2a} \tag{6.18}$$

$$x = \frac{-b \pm \sqrt{b^2 - 4ac}}{2a} \tag{6.19}$$

a, b, c を実数とすると，$b^2 - 4ac$ が 0 以上のときは解は実数となるが，$b^2 - 4ac$ が負のときは解は複素数となる．

3次方程式は解の公式を表すのに複素数を使わなければならず，4次方程式以上は解の公式は作れないことがわかっている．

6.3 数列と級数

6.3.1 等差数列

数列 というのは数が一定の規則で並んだものである．この中で，次の項と前の項との差が一定の数列が **等差数列** である．例をあげれば次のようになる．

$$8,\ 10,\ 12,\ 14,\ 16,\ 18,\ 20,\ \cdots \tag{6.20}$$

はじめの項 8 を **初項** という．この数列は前の項との差が常に 2 で一定である．この差を **公差** という．この数列を文字で一般に表すのに次の 2 通りの方法がある．

$$a_0,\ a_1,\ a_2,\ \cdots,\ a_n,\ \cdots \tag{6.21}$$

$$a_1,\ a_2,\ a_3,\ \cdots,\ a_n,\ \cdots \tag{6.22}$$

この 2 通りの表し方の違いによって，a_n を表す式が異なってくる．

$$a_0\ \text{からはじめるときは，}\ a_n = 8 + 2n \tag{6.23}$$

$$a_1\ \text{からはじめるときは，}\ a_n = 8 + 2(n-1) \tag{6.24}$$

一般に初項を a，公差を d としたとき，a_n は次のように表せる．

$$a_0\ \text{からはじめるときは，}\ a_n = a + dn \tag{6.25}$$

$$a_1\ \text{からはじめるときは，}\ a_n = a + d(n-1) \tag{6.26}$$

この結果をそのまま次のように使ってもよい．初項が 2.3 であり，公差が 0.4 である等差数列 $a_0, a_1, a_2, \cdots$ について，a_n は次のようになる．

$$a_n = 2.3 + 0.4n \tag{6.27}$$

a_1 からはじめた表し方のときは，$a_n = 2.3 + 0.4(n-1)$ となる．

6.3.2 等差級数

等差数列を次々に足していってできる数列を **等差級数** という．

$$S_0 = a_0 \tag{6.28}$$
$$S_1 = a_0 + a_1 \tag{6.29}$$
$$S_2 = a_0 + a_1 + a_2 \tag{6.30}$$
$$\vdots$$
$$S_n = a_0 + a_1 + a_2 + \cdots + a_n \tag{6.31}$$
$$\vdots$$

初項が a, 公差が d の等差級数の一般項 S_n を表す公式は次のように得られる．ここでは a_0 からはじまっているとする．

$$S_n = a + (a+d) + (a+2d) + \cdots + (a+d(n-1)) + (a+dn) \tag{6.32}$$
$$S_n = (a+dn) + (a+d(n-1)) + \cdots + (a+2d) + (a+d) + a \tag{6.33}$$

この2つの式を加えると次の式が得られる．

$$2S_n = (2a+dn) + (2a+dn) + \cdots + (2a+dn) = n(2a+dn) \tag{6.34}$$
$$S_n = \frac{n(2a+dn)}{2} \tag{6.35}$$

これが等差級数の公式である．

6.3.3 等比数列

等比数列 は次のように前の項に常に一定数をかけて次の項が得られるような数列である．この場合の同じ数を **公比** という．

$$3,\ 3\times 2^1,\ 3\times 2^2,\ 3\times 2^3,\ 3\times 2^4, \cdots \tag{6.36}$$

この数列について a_n を表す式は等差数列と同様に次の 2 通りがある.

$$a_0 \text{ からはじめるときは,} \quad a_n = 3 \times 2^n \tag{6.37}$$
$$a_1 \text{ からはじめるときは,} \quad a_n = 3 \times 2^{n-1} \tag{6.38}$$

一般に初公が a, 公比が r の等比数列の a_n は次のように表せる.

$$a_0 \text{ からはじめるときは,} \quad a_n = a \times r^n \tag{6.39}$$
$$a_1 \text{ からはじめるときは,} \quad a_n = a \times r^{n-1} \tag{6.40}$$

6.3.4 等比級数

初公が a, 公比が r の等比数列を足していってできる次の数列を**等比級数**という.

$$S_0 = a \tag{6.41}$$
$$S_1 = a + ar \tag{6.42}$$
$$S_2 = a + ar + ar^2 \tag{6.43}$$
$$S_3 = a + ar + ar^2 + ar^3 \tag{6.44}$$
$$\vdots$$
$$S_n = a + ar + ar^2 + \cdots + ar^n \tag{6.45}$$

等比級数 S_n を具体的に求める公式は次のようにして得られる. ここでは a_0 からはじめているとする.

$$S_n = a + ar + ar^2 + ar^3 + \cdots + ar^{n-1} + ar^n \tag{6.46}$$
$$rS_n = \quad ar + ar^2 + ar^3 + \cdots + a^{n-1} + ar^n + ar^{n+1} \tag{6.47}$$

両辺を引いてみると右辺は途中が消えてしまい次のようになる.

$$(1-r)S_n = a - ar^{n+1} \tag{6.48}$$
$$S_n = \frac{a(1-r^{n+1})}{1-r} \tag{6.49}$$

6.3 数列と級数

この公式は $r \neq 1$ であるとして導いている．$r = 1$ のときはもともと次のようになっている．

$$S_n = a + a + a + \cdots + a + a = na \tag{6.50}$$

6.3.5 漸化式

漸化式 は次の項がそれまでの項から一定の法則で定まってくるその法則を表したものである．たとえば次の項が前の項の 2 倍に 3 を加えて得られるという場合である．式で表すと次のようになる．

$$a_{n+1} = 2a_n + 3 \qquad (n \geqq 0) \tag{6.51}$$

一般に，次の項が前の項の p 倍に q を加えてできる場合，すなわち前の項の 1 次式で表せるとき次のようになる．

$$a_{n+1} = pa_n + q \tag{6.52}$$

$p = 0$ の場合が等差数列になり，$q = 0$ の場合が等比数列である．

漸化式 $a_{n+1} = pa_n + q$ が与えられたとき，一般項は次のように求められる．はじめに $a_{n+1} = a_n = \alpha$ とおいて α を求める．

$$\alpha = p\alpha + q \tag{6.53}$$

$$\alpha = \frac{q}{1-p} \tag{6.54}$$

この α を使うと次のように変形できる．

$$a_{n+1} - \frac{q}{1-p} = pa_n + q - \frac{q}{1-p} \tag{6.55}$$

$$= \frac{p(1-p)a_n - pq}{1-p} \tag{6.56}$$

$$= p\left(a_n - \frac{q}{1-p}\right) \tag{6.57}$$

ここで $b_n = a_n - \alpha$ とおくと，数列 b_n は公比が p の等比数列となる．等比数列の一般項の式から次のようになる．

$$a_n - \alpha = b_n = p^n b_0 = p^n(a - \alpha) \tag{6.58}$$

まとめて次のような一般項が得られる．

$$a_n = p^n a + \frac{q - p^n q}{1 - p} \tag{6.59}$$

6.4 指数関数と対数関数

6.4.1 自然対数の底 e

自然対数の底 e は連続複利計算から得られる．元金 1 円, 年利率 100% を 12ヶ月の複利計算をすると，1 月当たりの利率は $\frac{1}{12}$ となるので，1 年後の元利合計は次のようになる．

$$1 \times \left(1 + \frac{1}{12}\right)^{12} = 2.61304\cdots \tag{6.60}$$

毎日複利計算を行い利息を元金に組み入れていくと，1 年後の元利合計は次のようになる．

$$1 \times \left(1 + \frac{1}{365}\right)^{365} = 2.71457\cdots \tag{6.61}$$

毎秒複利計算を行い利息を元金に組み入れていくと，1 年間に 31536000 回組み入れるので 1 年後の元利合計は次のようになる．

$$1 \times \left(1 + \frac{1}{31536000}\right)^{31536000} = 2.718281778\cdots \tag{6.62}$$

自然対数の底 e はこのようにして複利に組み入れる回数をどんどん増やしていったときの極限として定まる．

$$e = \lim_{n \to \infty} \left(1 + \frac{1}{n}\right)^n \tag{6.63}$$

6.4 指数関数と対数関数

この式は収束が遅くてなかなか e の値の近くにならない. $n = 31536000$ のときでさえ 2.718281 までしか一致しない. e の値にもっと速く収束する数列はいろいろ知られている. たとえば次の例である.

$$e = 1 + \frac{1}{1!} + \frac{1}{2!} + \frac{1}{3!} + \cdots \tag{6.64}$$

ここで 10 項までの和をとると小数 7 桁まで正確な値が得られる. 30 項までの和をとると, 小数 33 桁まで正確な値になる.

6.4.2 指数法則

$10^3 \times 10^4 = 10^{3+4} = 10^7$ が成り立つが, これは任意の正の数 a について成り立つ.

$$a^n \times a^m = a^{n+m} \tag{6.65}$$

n, m は整数でなくて任意の実数でもよい.

$$a^t \times a^s = a^{t+s} \tag{6.66}$$

さらに次の性質が成り立つ.

$$a^0 = 1 \tag{6.67}$$

$$a^{-t} = \frac{1}{a^t} \tag{6.68}$$

これらは **指数法則** と呼ばれる.

6.4.3 指数関数

指数関数の法則というのは, 現在ある量 A に対して, 単位時間に a 倍になるという変化の仕方である. 時刻 t のときの量を $A \times a^t$ と表す. t が整数のときには普通の掛け算の繰り返しとしての累乗と同じである.

a を正の定数として $y = f(x) = a^x$ を **指数関数** という. $a > 1$ のときは増加関数となり, $0 < a < 1$ のときは減少関数となる.

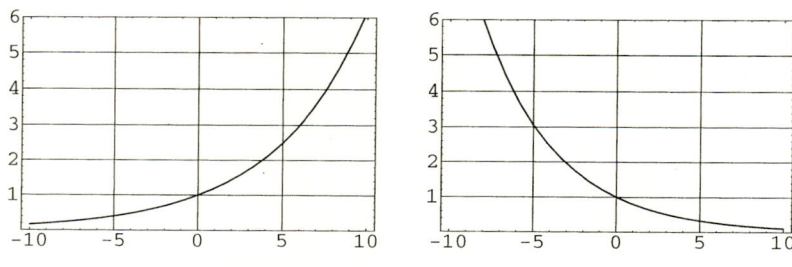

図 **6.3**: 指数関数のグラフ ($a > 1$: 左, $0 < a < 1$: 右)

6.4.4 対数関数

対数関数は指数関数の逆関数として定められる．x を与えて y が $y = a^x$ から導かれるのに対して，y を与えて $y = a^x$ となる x を求める法則を $x = \log_a y$ と表して，**対数関数** という．

$$y = a^x \iff x = \log_a y \tag{6.69}$$

$y = a^x$ のグラフに対して，$y = \log_a x$ のグラフは $y = x$ に関して対称となる．$y = \log_a x$ のグラフは $a > 1$ のとき増加関数であり，$0 < a < 1$ のとき減少関数となる．

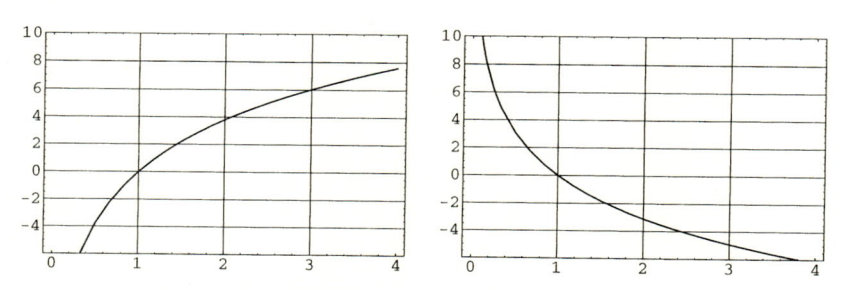

図 **6.4**: 対数関数のグラフ ($a > 1$: 左, $0 < a < 1$: 右)

6.4 指数関数と対数関数

対数関数については次の性質が成り立つ．これらを **対数法則** という．

$$\log_a xy = \log_a x + \log_a y \tag{6.70}$$

$$\log_a x^n = n \log_a x \tag{6.71}$$

$$\log_a \frac{y}{x} = \log_a y - \log_a x \tag{6.72}$$

$$\log_a b = \frac{\log_c b}{\log_c a} \tag{6.73}$$

これらは指数法則を別の形で表現したものにほかならない．たとえば，$a^{t+s} = a^t \cdot a^s$ を対数を使って表す．

$a^t = x$, $a^s = y$ とおくと，$a^{t+s} = xy$ となる．これらを対数で表すと，$t = \log_a x$, $s = \log_a y$, $t + s = \log_a xy$．

これから $\log_a x + \log_a y = \log_a xy$ が得られる．

ほかの対数法則も同様である．

$\log_a x^n = n \log_a x$ を示してみよう．

$s = nt$ のとき，$a^s = a^{nt} = (a^t)^n$ となる．

この指数法則を対数に変換するために，$a^t = x$ とおくと，$t = \log_a x$ となる．このとき，$a^s = x^n$ となっている．これを対数で表せば，$s = \log_a x^n$ となる．これらを $s = nt$ に代入すると対数表現に変換される．

$$s = \log_a x^n = nt = n \log_a x$$

今度は $\log_a \dfrac{y}{x} = \log_a y - \log_a x$ を示そう．

指数法則 $a^{t-s} = \dfrac{a^t}{a^s}$ を対数を使って表す．$a^t = y$, $a^s = x$ とおくと，$t = \log_a y$, $s = \log_a x$ となる．

このとき，a^{t-s} を x, y で表すと，

$$a^{t-s} = \frac{a^t}{a^s} = \frac{y}{x}$$

となる．これを対数で表す．

$$t - s = \log_a \frac{y}{x}$$

この式を全部対数で表せばよい．

$$t - s = \log_a y - \log_a x = \log_a \frac{y}{x}$$

最後に，

$$\log_a b = \frac{\log_c b}{\log_c a}$$

を示す．この関係式は，対数の底を任意の正の数に変換できることを表しているので，**底の変換公式** という．

同じことであるから，分母を払った次の式を示す．

$$\log_c b = \log_a b \times \log_c a$$

この公式も指数法則から変換して得られる．

$z = xy$ が成り立つとき，正の数 c に対して，$c^z = c^{xy}$ が成り立つ．指数法則から $c^z = c^{xy} = (c^y)^x$ が成り立っている．

これを対数で表すために，$a = c^y$, $b = c^z$ とおくと，$b = c^z = (c^y)^x = a^x$ となる．この3つの式を対数で表す．

$$z = \log_c b, \quad x = \log_a b, \quad y = \log_c a$$

この3つの式を $z = xy$ に代入すればよい．

$$\log_c b = z = xy = \log_a b \times \log_c a$$

演習問題略解

演習問題 1

[1] 1 年後 $1000000 + 1000000 \times 0.02 = 1020000$ 円
2 年後 $1000000 + 1000000 \times 0.02 \times 2 = 1040000$ 円
3 年後 $1000000 + 1000000 \times 0.02 \times 3 = 1060000$ 円
4 年後 $1000000 + 1000000 \times 0.02 \times 4 = 1080000$ 円

[2] (1) $2000000 \times (1 + 0.02)^1 = 2080000$ 円
(2) $2000000 \times (1 + 0.02)^2 = 2163200$ 円
(3) $2000000 \times (1 + 0.02)^3 = 2249728$ 円
(4) $2000000 \times (1 + 0.02)^4 = 2339717$ 円
(5) $2000000 \times (1 + 0.02)^4 - 2000000 = 2339717 - 2000000 = 339717$ 円

[3] (1) $\dfrac{\log_e 2500000 - \log_e 2000000}{\log_e(1 + 0.06)} = 3.82955$, 4 年後

(2) $\dfrac{\log_e 3500000 - \log_e 2000000}{\log_e(1 + 0.06)} = 9.60402$, 10 年後

(3) $\dfrac{\log_e 4000000 - \log_e 2000000}{\log_e(1 + 0.06)} = 11.8957$, 12 年後

[4] $\left(\dfrac{3000000}{2000000}\right)^{\frac{1}{10}} - 1 = 0.0413797$, 4.13798%

[5] $\left(\dfrac{2800000}{2000000}\right)^{\frac{1}{6}} - 1 = 0.0576809$, 5.768010%

[6] $\dfrac{3000000}{(1 + 0.07)^6} = 1999026.671$ 円, 1999027 円

[7] $\dfrac{1000000}{(1 + 0.02)^4} = 923845.426$, 923846 円

[8] $\dfrac{2000000}{(1 + 0.04)^5} = 1643854.214$, 1643855 円

演習問題 2

[1] (1) $\dfrac{8 \times 50000 \times (2 + (8+1) \times 0.03)}{2} = 454000$, 454000 円

(2) $\dfrac{50000 \times (1 + 0.03) \times \{(1 + 0.03)^8 - 1\}}{0.03} = 457955.3064$, 457955 円

(3) $\dfrac{10 \times 50000 \times \{2 + (10+1) \times 0.05\}}{2} = 637500$, 637500 円

(4) $\dfrac{50000 \times (1 + 0.05) \times \{(1 + 0.05)^{10} - 1\}}{0.05} = 660339.3581$, 660339 円

(5) $\dfrac{4 \times 50000 \times \{2 + (4+1) \times 0.06\}}{2} = 230000$, 230000 円

(6) $\dfrac{50000 \times (1 + 0.06) \times \{(1 + 0.06)^4 - 1\}}{0.06} = 231854.648$, 231854 円

[2] $\dfrac{1000000 \times 0.03}{(1 + 0.03) \times \{(1 + 0.03)^{12} - 1\}} = 68409.79172$, 68410 円

[3] $\dfrac{1500000 \times 0.04}{(1 + 0.04) \times \{(1 + 0.04)^{15} - 1\}} = 72030.43323$, 72031 円

[4] $\dfrac{2000000 \times 0.05}{(1 + 0.05) \times \{(1 + 0.05)^8 - 1\}} = 199470.1212$, 199471 円

[5] 次の r についての方程式を, financial calculator またはコンピュータの数学ソフトなどを利用して解く.

$$(1+r)^{13} - \left(1 + \dfrac{1000000}{60000}\right) r - 1 = 0$$

$r = 0.04958827262$ が得られる. 4.9589%

[6] 次の r についての方程式を, financial calculator またはコンピュータの数学ソフトなどを利用して解く.

$$(1+r)^9 - \left(1 + \dfrac{1200000}{80000}\right) r - 1 = 0$$

$r = 0.138750284$ が得られる. 13.876%

[7] $100000 \times \dfrac{1 - (1 + 0.04)^{-12}}{0.04} = 938507.376$

現在 938508 円あればよい.

[8] $70000 \times \dfrac{1 - (1 + 0.05)^{-8}}{0.05} = 452424.8932$

演習問題略解　　　　　　　　　　　　　　　　　　　　　　　　　　153

現在 452425 円あればよい.

[9] $60000 \times \dfrac{1-(1+0.05)^{-10}}{0.05} = 463304.0958$

現在 463305 円あればよい.

[10] $\dfrac{\log_e 150000 - \log_e(150000 - 2000000 \times 0.04)}{\log_e(1+0.04)} = 19.43208042$

19 年にわたって受け取れる.

[11] 次の r についての方程式を financial calculator またはコンピュータの数学ソフトなどを利用して解く.

$$3000000(1+r)^{10}r - 400000(1+r)^{10} + 400000 = 0$$

$r = 0.05604463645,\ \ 5.6045\%$

[12] $70000 \times \dfrac{(1+0.05) \times \{1-(1+0.05)^{-8}\}}{0.05} = 475046.1378,\ \ 475047$ 円

[13] $60000 \times \dfrac{(1+0.05) \times \{1-(1+0.05)^{-10}\}}{0.05} = 486469.3005,\ \ 486470$ 円

[14] 次の n についての方程式を financial calculator またはコンピュータの数学ソフトなどを利用して解く.

$$2000000 = 150000 \times \dfrac{(1+0.04) \times \{1-(1+0.04)^{-n}\}}{0.04}$$

$n = 18.33527769,\ \ 18$ 年

[15] 次の r についての方程式を financial calculator またはコンピュータの数学ソフトなどを利用して解く.

$$3000000 = 400000 \times \dfrac{(1+r)\{1-(1+r)^{-10}\}}{r}$$

$r = 0.0705505807,\ \ 7.055\%$

演習問題 3

[1] $\dfrac{5000000 \times 0.08 \times (1+0.08)^8}{(1+0.08)^8 - 1} = 870073.803,\ \ 870074$ 円

[2] $\dfrac{20000000 \times 0.032 \times (1+0.032)^{15}}{(1+0.032)^{15} - 1} = 1699660.347,\ \ 1699661$ 円

[3] $\dfrac{20000000 \times 0.042 \times (1+0.042)^{15}}{(1+0.042)^{15}-1} = 1824068.642$, 1824069 円

[4] $\dfrac{20000000 \times 0.042/12 \times (1+0.042/12)^{20 \times 12}}{(1+0.042/12)^{20 \times 12}-1} = 123314.1471$, 123315 円

[5] $\dfrac{15000000 \times 0.038/12 \times (1+0.038/12)^{14 \times 12}}{(1+0.038/12)^{14 \times 12}-1} = 115269.6946$, 115270 円

[6] (1) $\dfrac{20000000 \times 0.03/12 \times (1+0.03/12)^{18 \times 12}}{(1+0.03/12)^{18 \times 12}-1} = 119944.6581$, 119945 円

(2) $\dfrac{119944.6581}{0.03/12} \times \{1-(1+0.03/12)^{10}\} + 20000000 \times (1+0.03/12)^{10}$
$= 19292631.96$, 19292632 円

(3) $119944.6581 \times \{1-(1+0.03/12)^{9}\} + 20000000 \times 0.03/12 \times (1+0.03/12)^{9}$
$= 48410.4155$, 48410 円

(4) $(119944.6581 - 20000000 \times 0.03/12) \times (1+0.03/12)^{9} = 71534.24264$,
71534 円

(5) $\dfrac{119944.6581}{0.03/12} \times \{1-(1+0.03/12)^{100}\} + 20000000 \times (1+0.03/12)^{100}$
$= 12064781.64$, 12064781 円

(6) $119944.6581 \times \{1-(1+0.03/12)^{99}\} + 20000000 \times 0.03/12 \times (1+0.03/12)^{99}$
$= 30385.85112$, 30386 円

(7) $(119944.6581 - 20000000 \times 0.03/12) \times (1+0.03/12)^{99} = 89558.80702$,
89558 円

[7] (1) $PMT = \dfrac{20000000 \times 0.06/12}{1-(1+0.06/12)^{-12 \times 18}} = 151632.4643$,

$\left(\dfrac{151632.4643}{0.06/12} - 20000000\right) \times \{(1+0.06/12)^{12}-1\} = 636915.4844$,
636915 円

(2) $151632.4643 \times 12 + \left(20000000 - \dfrac{151632.4643}{0.06/12}\right) \times \{(1+0.06/12)^{12}-1\}$
$= 1182674.088$, 1182674 円

(3) $\left(\dfrac{151632.4643}{0.06/12} - 20000000\right) \times \{(1+0.06/12)^{120}-1\} = 8461494.523$
8461494 円

$151632.4643 \times 120 + \left(20000000 - \dfrac{151632.4643}{0.06/12}\right) \times \{(1+0.06/12)^{120}-1\}$
$= 9734401.193$, 9734401 円

演習問題略解

[8] $\left(1+\dfrac{0.08}{12}\right)^{12} - 1 = 0.08299950681,\ 8.300\%$

[9] $\left(1+\dfrac{0.08}{52}\right)^{52} - 1 = 0.0832204742,\ 8.322\%$

[10] $e^{0.08} - 1 = 0.08328706767,\ 8.3287\%$

[11] $1000000 \times e^{0.1} = 1105170.918,\ 1105171$ 円

[12] $1000000 \times e^{0.1 \times 3} = 1349858.808,\ 1349859$ 円

[13] $\dfrac{0.05 - 0.02}{1 + 0.02} = 0.0294118,\ 2.94\%$

[14] $1000000 \times (1 + 0.0294118)^8 = 1260994.341,\ 1260994$ 円

[15] $r = \dfrac{0.08 - 0.02}{1 + 0.02} = 0.05882352941,$

$\dfrac{1000000}{(1+r)^6} = 709673.3516,\ 709673$ 円

[16] $RIR = \dfrac{0.06 - 0.01}{1 + 0.01} = 0.0495049505,$

$\dfrac{1500000 \times RIR}{(1+RIR)((1+RIR)^6 - 1)} = 210385.928,\ 210386$ 円

[17] $0.09 - 0.02 = 0.07,\ 7\%$

演習問題 4

[1] $\dfrac{200000}{5000000} = 0.04,\ 4\%$

[2] $\dfrac{1800 - 1600}{1600} = 0.125,\ 12.5\%$

[3] $\dfrac{1000 - 800 + 40}{800} = 0.3,\ 30\%$

[4] (1) $800 \times 10000 = 8000000,\ 8000000$ 円
 (2) $30 \times 10000 = 300000,\ 300000$ 円
 (3) $10000 \times 1.2 = 12000,\ 12000$ 株
 (4) $750 \times 12000 = 9000000,\ 9000000$ 円
 (5) $300000 + 9000000 - 8000000 = 1300000,\ 1300000$ 円
 (6) $\dfrac{1300000}{8000000} = 0.1625,\ 16.25\%$

[5] $0.02 \times 12 = 0.24,\ 24\%$

[6] $\dfrac{0.2}{12} = 0.0166667$, 1.67%

[7] $(1 + 0.02)^{12} - 1 = 0.268242$, 26.824%

[8] $(1 + 0.2)^{\frac{1}{12}} - 1 = 0.0153094705$, 1.531%

[9] $e^{0.2} - 1 = 0.2214027582$, 22.14%

[10] $\dfrac{100 - 95}{95} = 0.05263157895$, 5.26%

[11] $\left(\dfrac{100}{92}\right)^{\frac{1}{3}} - 1 = 0.0281837227$, 2.818%

[12] $2\left(\left(\dfrac{100}{92}\right)^{\frac{1}{2\times 3}} - 1\right) = 0.02798789217$, 2.799%

[13] $\dfrac{100}{(1 + 0.04)^5} = 82.19271068$, 82.19 円

[14] $\dfrac{7}{100} = 0.07$, 7%

[15] $\dfrac{7}{96} = 0.07291666667$, 7.292%

[16] (1) $\dfrac{100 \times 0.06 \times 5 + 100 - 96}{96} = 0.354167$, 35.42%

(2) $\dfrac{100 \times 0.06 + (100 - 96)/5}{96} = 0.0708333$, 7.083%

[17] $\dfrac{100 \times 0.1 + 100 - 104}{104} = 0.05769230769$, 5.77%

[18] r についての次の方程式を解いて得られる.
$$103 = \dfrac{100 \times 0.1}{1 + r} + \dfrac{100 \times 0.1}{(1 + r)^2} + \dfrac{100}{(1 + r)^2}$$
$r = 0.08310526546$, 8.3105%

演習問題 5

[1] 略, [2] 略, [3] 略, [4] 違いはない, [5] 違いが出る, [6] 略, [7] 略.

参考文献

　本書のように，ファイナンスで使われる数学を，ファイナンスの内容に即して説明している本は少ない．ここでは3つ紹介しておく．
[1] 小峰みどり 「アナリストのための数学入門」 ビジネス教育出版社, 1992
[2] フランク・J・ファボォッツィ著 土田宏造監訳 住友銀行キャピタルマーケット会社訳 「債券投資・ディーリングのための 金融数学」 金融財政事情研究会, 1990
[3] 船岡政紀 「証券アナリスト試験のための数学入門」 中央経済社, 1997
　ファイナンスの内容に即してはいないが，経済学や金融で使われる基礎的な数学をまとめた本にはたとえば次のような本がある．
[4] 木島正明・岩城秀樹 「経済と金融工学の基礎数学」（シリーズ＜現代金融工学＞ 1） 朝倉書店, 1999
[5] アンソニー・マーチン，ビックス・ノーマン著 石橋春男・関谷喜三郎訳 「経済・金融・経営のための数学入門」 成文堂, 2000
[6] 木島正明 「金融数学・確率統計」(Excelで学ぶファイナンス 1) 金融財政事情研究会, 1996
　ファイナンスの一般的な解説にも，金利の問題は扱われている場合が多い．
[7] ツヴィ・ボディ, ロバート・C・マートン著 大前恵一郎訳 「現代ファイナンス論」 ピアソン, 1999
　この本はアメリカのビジネススクールではじめにファイナンスの全体を学ぶための教科書で，現代的に書かれていて新鮮な印象を受ける．
　日経平均株価などの株価指標についてはたとえば次の本が参考になる．
[8] 日本経済新聞社編 「日経証券記事の読み方」(改訂3版) 日本経済新聞社, 1998

ファイナンスについて全般に学ぶにはたくさんの本があるが，ここではいくつかを紹介するにとどめる．[12] は少し違った観点で書かれている．

[9] 貝塚啓明・奥村洋彦・首藤　恵　「金融」(エッセンシャル経済学シリーズ) 東洋経済新報社, 1997

[10] 仁科一彦　「現代ファイナンス理論入門」　中央経済社, 1997

[11] 大村敬一　「現代ファイナンス」　有斐閣, 1999

[12] 建部正義　「はじめて学ぶ金融論」　大月書店, 1999

索　引

ア　行

アニュイティ　33

1次方程式　141
インカムゲイン　85
インフレ率　75

永久アニュイティ　45, 51

カ　行

外延量　84, 135
額面金額　90
価値の増加量　2
株価指標　110
株価の分割倍数　120
株式分割権利落ち　119
元金　1
元金返済部分　59
関数　138

期間　10
基準時価総額　131
逆関数　98
キャッシュフロー　33
キャピタルゲイン　85
キャピタルロス　85
金融電卓　12
金利　1

クーポン　93
クーポンレート　93

サ　行

現在価値　1, 26
現在価値係数　30
権利落ち理論価格　120
権利価格　121
権利確定日　119
権利付き最終価格　120

公差　3, 142
公比　14, 143

債券　90
債券価格　98
最終特別気配　116
最終利回り　90
再投資　87

時価総額　130
式　136
市場価格　95
指数関数　19, 74, 146
指数法則　147
自然対数の底　71, 146
実験的解法　140
実効金利　81
実効年利率　69
実質価格　75
実質金利　75
実質将来価値　77
支払利息の合計額　64
資本の限界効率　104

索引

収益　84
収益率　84, 87, 136
修正倍率　117
住宅ローン　55
純粋割引債　90
小数　135
将来価値　1, 37
初項　3, 142

数学ソフト　44
数列　3, 142
スポットレート　90

整数　135
ゼロクーポン債　90
漸化式　14, 145

即時アニュイティ　45, 50

タ　行

対数関数　146, 148
対数法則　149
単利法　1

直接利回り　93

通常アニュイティ　45
月収益率　87
月利率　68

等差級数　143
等差数列　1, 3, 142
投資額　85
東証株価指数　130
等比級数　144
等比数列　14, 143

ナ　行

内部収益率　104
内包量　84, 135

2次方程式　141
日経ダウ平均株価　110
日経平均株価　110
日経平均除数　116
任意の数　141
任意の定数　136

ネピアの数　71
年金　33
年収益率　87
年利率　1

ハ　行

配当金　85

ビジネススクール　12
表面利率　93

複素数　141
複利計算の応用　55
複利法　1, 8
不定　141
不能　141
負の量　134
プラス　134
プレミアム債　102
分離量　134

返済の内訳　58
変数　137

方程式　140

マ　行

毎期末の返済額　57
マイナス　134
満期利回り　95

未知数　137

名目価格　75

索　引

名目金利　75

文字　136

ヤ　行

有理数　135
有償増資　122

ラ　行

利息　1
利息返済部分　59
利付債券　93
量　134
　　——と演算　136

連続再投資　89
連続複利　70, 72
連続量　134

ローンの償却　55
ローンの返済内訳　60

ワ　行

割り当て率　120
割引債の現在価値　92
割引率　23, 27

欧　字

cash flow　33
coupon　93

effective annual rate　69

financial calculator　12, 30
future value　1
FV　1

immediate annuity　45
internal rate of return　104

marginal efficiency of capital　104

ordinary annuity　45

perpetual annuity　45
present value　1
present value factor　30
PV　1

real interest rate　76
RIR　76

TOPIX　130

著者略歴

小林 道正（こばやし みちまさ）

1942 年　長野県に生まれる
1966 年　京都大学理学部数学科卒業
1968 年　東京教育大学大学院修士課程修了
現　在　中央大学経済学部教授

〈主な著書〉

『Mathematica による微積分』朝倉書店，1995．
『Mathematica による線形代数』朝倉書店，1996．
『Mathematica によるミクロ経済学』東洋経済新報社，1996．
『Mathematica による関数グラフィックス』森北出版，1997．
『「数学的発想」勉強法』実業之日本社，1997．
『Mathematica 微分方程式』朝倉書店，1998．
『数学ぎらいに効くクスリ』数研出版，2000．
『Mathematica 確率』朝倉書店，2000．
『グラフィカル数学ハンドブックⅠ』朝倉書店，2000．

ファイナンス数学基礎講座 1
ファイナンス数学の基礎
定価はカバーに表示

2000 年 11 月 10 日　初版第 1 刷
2017 年 5 月 25 日　　　第 11 刷

著　者　小　林　道　正
発行者　朝　倉　誠　造
発行所　株式会社　朝　倉　書　店

東京都新宿区新小川町 6-29
郵便番号　162-8707
電　話　03(3260)0141
ＦＡＸ　03(3260)0180
http://www.asakura.co.jp

〈検印省略〉

© 2000〈無断複写・転載を禁ず〉

中央印刷・渡辺製本

ISBN 978-4-254-29521-4　C 3350　　　Printed in Japan

JCOPY ＜(社)出版者著作権管理機構 委託出版物＞

本書の無断複写は著作権法上での例外を除き禁じられています．複写される場合は，そのつど事前に，(社)出版者著作権管理機構(電話 03-3513-6969，FAX 03-3513-6979，e-mail: info@jcopy.or.jp)の許諾を得てください．

好評の事典・辞典・ハンドブック

数学オリンピック事典	野口 廣 監修　B5判 864頁
コンピュータ代数ハンドブック	山本 慎ほか 訳　A5判 1040頁
和算の事典	山司勝則ほか 編　A5判 544頁
朝倉 数学ハンドブック ［基礎編］	飯高 茂ほか 編　A5判 816頁
数学定数事典	一松 信 監訳　A5判 608頁
素数全書	和田秀男 監訳　A5判 640頁
数論＜未解決問題＞の事典	金光 滋 訳　A5判 448頁
数理統計学ハンドブック	豊田秀樹 監訳　A5判 784頁
統計データ科学事典	杉山高一ほか 編　B5判 788頁
統計分布ハンドブック（増補版）	蓑谷千凰彦 著　A5判 864頁
複雑系の事典	複雑系の事典編集委員会 編　A5判 448頁
医学統計学ハンドブック	宮原英夫ほか 編　A5判 720頁
応用数理計画ハンドブック	久保幹雄ほか 編　A5判 1376頁
医学統計学の事典	丹後俊郎ほか 編　A5判 472頁
現代物理数学ハンドブック	新井朝雄 著　A5判 736頁
図説ウェーブレット変換ハンドブック	新 誠一ほか 監訳　A5判 408頁
生産管理の事典	圓川隆夫ほか 編　B5判 752頁
サプライ・チェイン最適化ハンドブック	久保幹雄 著　B5判 520頁
計量経済学ハンドブック	蓑谷千凰彦ほか 編　A5判 1048頁
金融工学事典	木島正明ほか 編　A5判 1028頁
応用計量経済学ハンドブック	蓑谷千凰彦ほか 編　A5判 672頁

価格・概要等は小社ホームページをご覧ください．